歴史新書

あなたの知らない神奈川県の歴史

山本博文 監修
Yamamoto Hirofumi

神奈川県 歴史の舞台

ら見た大塚遺跡（横浜市都筑区。公益財団法人横浜市ふるさと歴
蔵文化財センター提供）。鶴見川の支流、早渕川に面する標高約
ルの台地上に立地する弥生時代中期の遺跡。周囲に環濠を巡ら
全長は約600メートルある。

武都「鎌倉城」を象徴する名越切通し（上。鎌倉市名越。鎌倉市観光協会提供）と**鶴岡八幡宮の社殿**（鎌倉市雪ノ下）。治承四年（一一八〇）に源頼朝が鎌倉入りして最初の仕事は、若宮から八幡宮を現在地へ移転することだった。鎌倉には七つの出入り口があり、名越切通しはその一つ。古東海道がここを通り、三浦半島の走水から房総へと通じていた。

鎌倉のシンボル鎌倉大仏（鎌倉市長谷）。高徳院清浄泉寺の本尊で、「長谷の大仏」とも呼ばれる。当初は木造で立てられ、建長４年（1252）に金銅製となったとされるが、造仏経緯については諸説ある。往時は大仏殿があったものの、応安２年（1369）に倒壊し、以後露坐となった。

小田原城天守閣（小田原市城内）。大森氏の居城だった小田原城は、北条早雲に攻略され、北条氏によって大拡張された。現在の天守閣は、藩政時代の宝永３年（1706）に小田原藩主大久保氏が建てた天守閣を昭和35年（1960）に外観復元したもの。

復原された箱根関所全景（上）と**面番所**（箱根町箱根。箱根町観光課提供）。元和５年（1619）、徳川秀忠によって芦ノ湖湖畔に設置された関所。通常は譜代大名である小田原藩が管轄し、「入鉄砲に出女」を警戒していた。明治２年（1869）に廃止。現在の建物は平成19年（2007）に復元された。

ペリー艦隊が上陸した浦賀に立つ「北米合衆国水師提督伯理上陸記念碑」（左。横須賀市久里浜）と**生麦事件の碑**（横浜市鶴見区生麦）。嘉永五年（一八五三）、浦賀沖に来航したペリーは久里浜に上陸した。安政五か国条約により外国人の来日が増えるが、文久二年（一八六二）八月二十一日、武蔵国橘樹郡生麦村で島津久光の行列に乗り入れたイギリス人が殺傷される事件が起こった。

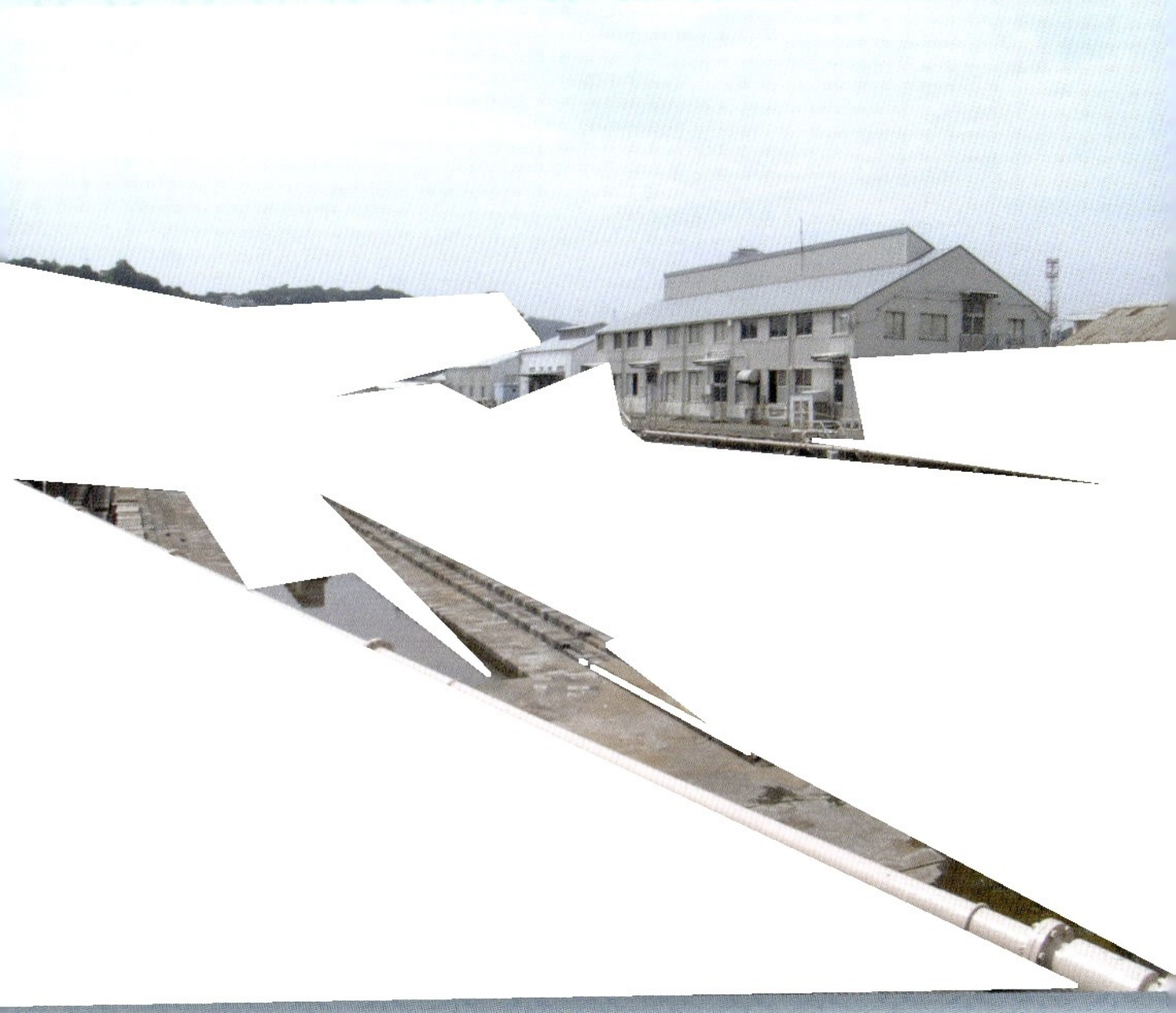

横須賀造船所１号ドライドック（重文。横須賀市稲岡町）。慶応元年（1865）、幕府勘定奉行・小栗忠順の進言によりフランスの技術指導で、横須賀製鉄所として開設。その後造船所として拡張され、明治３年（1871）新政府によって完成された。その後海軍工廠となった。

山手西洋館「外交官の家」（横浜市中区山手町16）と**横浜正金銀行本店**（神奈川県立歴史博物館）。明治四十三年（一九一〇）に東京渋谷の南平台に建てられ、平成九年（一九九七）に現在地の山手イタリア山庭園内に移築されたもの。ルネッサンス風の横浜正金銀行本店建物は、建築家妻木頼黄の設計により明治三十七年（一九〇四）に落成した。

歴史新書

あなたの知らない 神奈川県の歴史

監修
山本博文
Yamamoto Hirofumi

洋泉社

はじめに

山本博文

神奈川県は、相模《さがみ》国と武蔵《むさし》国南三郡からなる。首都東京に隣接し、横浜市、川崎市、相模原《さがみはら》市という三つの政令指定都市を持ち、都道府県別の人口は東京に次いで第二位である。

史跡としては、何と言っても武家政権始まりの地である鎌倉がある。源頼朝《みなもとのよりとも》が鎌倉幕府を開くまでは一寒村だったと言われているが、頼朝の父義朝《よしとも》の時代から源氏の根拠地だったようである。室町幕府の時代になっても鎌倉府が置かれ、関東八カ国の支配の中心地であった。

戦国時代には、同じ神奈川県の小田原城を根拠とする北条《ほうじょう》氏が関東を制覇し、鎌倉は、政治の中心地としての地位を失った。小田原は、天正《てんしょう》十八年(一五九〇)に北条氏が豊臣秀吉《ひでよし》に滅ぼされるまで、関東の中心地であった。

江戸時代の神奈川県は、主な藩としては譜代大名の小田原藩があり、ほかに江戸湾に入る船を監視する浦賀《うらが》奉行所があった。また、東海道の宿場町も江戸を往来する人で賑わった。

嘉永《かえい》六年(一八五三)、アメリカ使節ペリーの艦隊が浦賀沖に来航したことから、日本は大きな変化を遂げることになり、神奈川県はその重要な舞台となった。特に、安《あん》政《せい》五年(一八五八)に結ばれた安政の五カ国条約で神奈川が開港場になったことは大きかった。

神奈川は東海道の宿場の一つだが、幕府は、外国人と攘夷派武士とのトラブルを恐れ、対岸の横浜村を開港場とした。翌年には、横浜とそれに近隣する地域の行政・司法を担当する神奈川奉行が置かれ、港湾施設も充実していった。こうして横浜は、長崎に代わって日本一の国際都市に発展していくのである。

近代以降、外国航路の起点となり、外国文化の窓口だった横浜は、いわゆるハイカラな町であり、今なお不動の人気を誇っている。しかし、横浜だけではなく、鎌倉幕府の故地である鎌倉、北条氏の本拠地だった小田原など日本史において見逃すことのできない重要な土地があるのも神奈川県の特色である。

あなたの知らない 神奈川県の歴史——

［目次］

【第4章】神奈川県の江戸時代

時代をよむ　幕府の直轄地に起こった黒船来航の衝撃　124

荻野山中陣屋襲撃事件
矢倉往還
〔大山街道〕
上野遺跡
小高駅
大塚遺跡
相模国分寺跡
武蔵国
川崎
店屋駅
夷参駅
生麦事件
神奈川
瓢箪塚古墳
太田道灌暗殺
保土ヶ谷
浜田駅
糟屋
高座郡
戸塚
田村
寒川神社
遊行寺
東慶寺
（縁切寺）
前鳥神社
藤沢
箕輪駅
鶴岡八幡宮
夏島貝塚
東海道
平塚
鎌倉
稲村ヶ崎
大磯
相模川
真土大塚山古墳
大神塚古墳
鎌倉郡
安針塚
横須賀
永享の乱
稲村ヶ崎の戦
宝治合戦
御浦郡
浦賀
ペリー艦隊浦賀来航
相模新井城の戦い

神奈川県歴史MAP

…郡境
…城跡
…街道
…主な町
…名所・史跡
…現在の県境
…合戦
…戦争（銃火器が主）
…テロ・暗殺
…一揆・打ち壊し
…異国船来襲
…その他（処刑、改易など）
小原
藤野
甲州街道
愛甲郡
三増峠の戦
比々多
阿夫利神社
足上郡
（足柄上郡）
相州大山道
比々多神社
千代廃寺
伊勢原
川西
駿河道〔足柄街道〕
余綾郡
御門
大住郡
坂本駅
川匂神社
足柄峠
小松駅
酒匂
国府津
北条早雲
小田原城を攻略
小田原
酒匂川
湯本
秀吉の小田原攻め
姥子
箱根神社
早雲寺
石橋山の戦い
箱根
関所
箱根峠
足下郡
（足柄下郡）
真鶴
真鶴岬
箱根戦争（戊辰戦争）

第1章

神奈川県の古代

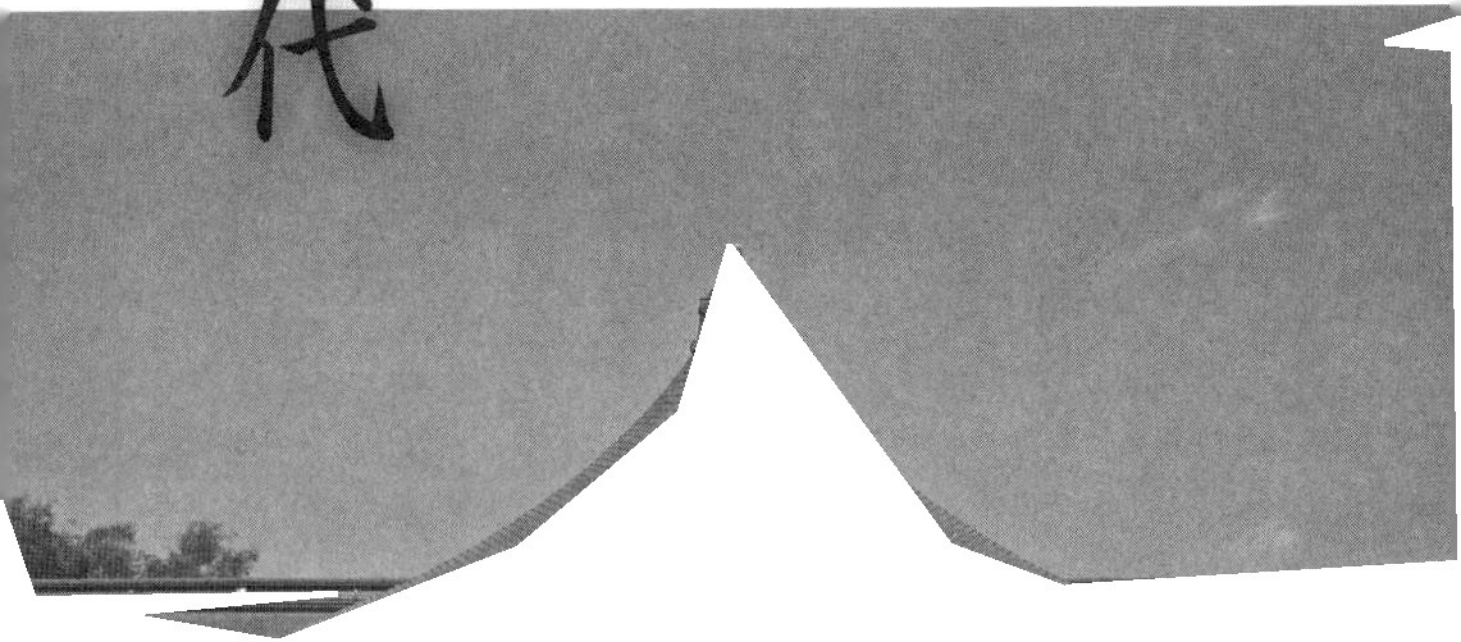

相模国一宮・寒川神社（神奈川県寒川町）

第1章

時代をよむ

湘南地方が栄えた相模の古代

神奈川県は、大型古墳、特に前方後円墳《ぜんぽうこうえんふん》の発見例が少ない。平塚《ひらつか》市の大塚山《おおつかやま》古墳や寒川町《さむかわまち》の大神塚《おおじんづか》古墳、海老名《えびな》市の伝国造《でんこくぞう》古墳など、わずか十一基。群馬県の百基以上の発見例と比べ、その十分の一でしかない。

文献に「相模」の名が初めて登場するのは、和銅《わどう》五年(七一五)に完成した『古事記』においてだ。大化の改新(六四五年)以前の神奈川県については、語る文献も少ないのだが、のちの相模《さがみ》国となる地域は三つの領域に分かれていた。相模川流域の県央部には相武国《さがむのくに》が、県西部には師長国《しながのくに》が、そして県南東部の鎌倉・三浦地方は、ヤマトタケルの子孫という鎌倉別《かまくらわけ》が支配するヤマトの直轄領があった。

それが大化の改新によってヤマト王家直轄地や、豪族の私有地をもとにしていた国造《くにのみやつこ》制は廃され、神奈川県域は、東部(ほぼ川崎市と横浜市)は武蔵《むさし》国の一部(三郡)に、中西部は相模国(八郡)に改められる。

ところが、日本で唯一、所在地が特定されていないのが相模国の国府《こくふ》なのだ。この国の国府は最低でも〝三遷〟したとされる。高座《たかくら》郡(海老名市内)か足柄《あしがら》(小田原市内)にあったと見られる国府が、次に大住《おおすみ》郡に移り、十二世紀以降は余綾《よろぎ》郡(大磯町《おおいそまち》)に移ったと考えられている。国府と並ぶ重要施設である国分寺《こくぶんじ》の場所についても諸説ある。いずれにしろ湘南《しょうなん》地域が古代相模の中心として栄えた。

平安時代に入ると、東国の治安は乱れる。

長元《ちょうげん》元年(一〇二八)から房総を舞台に始まった平忠常《たいらのただつね》の乱を平定するため、中央から派遣されたのは源頼信《みなもとのよりのぶ》と頼義《よりよし》の父子だった。頼信は、足柄山の金太郎(坂田金《さかたのきん》時《とき》)を家来にしたという源頼光《よりみつ》の弟で、忠常の乱鎮定後に相模守《さがみのかみ》に任ぜられている。坂東《ばんどう》平氏の多くが頼信に従い、清和源氏が関東を基盤とするもととなった。

康平《こうへい》六年(一〇六三)、源頼義《よりよし》は河内《かわち》源氏の氏神である石清水八幡宮《いわしみずはちまんぐう》を鎌倉郡の由比《ゆい》郷《ごう》に勧請《かんじょう》し、鶴岡若宮《つるがおかわかみや》を創建する。

以来、鎌倉は源氏の故地となり、中世における国政の中心となる種がまかれた。

Q1 神奈川県はなぜ「相模国」と呼ばれていたのか？

東国が畿内のヤマト王権の支配下に組み込まれたのは、五世紀のことだと考えられる。そのころの神奈川県域には、ヤマトに直属する相武国造《さがむのくにのみやつこ》と師長国造《しながのくにのみやつこ》が置かれた。

相武国は相模《さがみ》川流域の県央部。ヤマトタケルを焼き殺そうとした在来の相武国造は、逆にヤマトタケルに滅ぼされ、その後、ヤマト直属の相武国造が置かれた。タケルの妻弟橘比売《おとたちばなひめ》が「さねさし相武の小野に燃ゆる火の火中《ほなか》に立ちて問ひし君はも」と歌ったように相武国造の本拠地は「相武の小野」（厚木市）あたりだったのだろう。

師長国は酒匂《さかわ》川流域と中村川流域の県西部。畿内から見て、あづまの玄関にあたるこの足柄《あしがら》地方は、そこだけで重要なひとつの国だったようだ。県南東部の鎌倉・三浦地方には、ヤマトタケルの子孫だという鎌倉別《かまくらわけ》が支配するヤマトの直轄領となった。

七世紀半ばに蘇我《そが》氏打倒のクーデタが成功し、ヤマト王権は大王《おおきみ》を盟主とする豪族たちの連合政権から、唐《とう》の制度にならった中央集権国家への脱皮を模索する。構築された律令制は、中央に二官八省の官僚体制を整え、地方には国郡里制を敷く。その結果、相武国と師長国、そして鎌倉別支配の鎌倉・三浦地方を合わせ、「相模国」が成立した。「さがみ」という国名の由来だが、多くの説では「相模」とその北の「武蔵」はもとはひとつで、それが二国に分かれたとする。たとえば江戸中期の国学者賀茂真淵《かものまぶち》は「身狭《むさ》」が「身狭上《むさがみ》」(→さがみ)と「身狭下《むさしも》」(→むさし)になったとするが、考古学的には武蔵はむしろさらにその北の毛野国《けぬのくに》と一体だったとされているので、定説ではない。なぜ「さがみ」なのかは、実はよくわからないのだ。

相模国には、酒匂川流域の足柄上《あしがらのかみ》郡と足柄下《あしがらのしも》郡、中村川・金目《かなめ》川流域の余綾《よろき》郡、相模川下流域西岸の大住《おおすみ》郡、相模川中流域西岸の愛甲《あゆかわ》郡、相模川東岸の高座《たかくら》郡、三浦半島付け根の鎌倉《かまくら》郡、三浦半島の御浦《みうら》郡の八郡が置かれた。

横浜・川崎地区ともいえる県東北部地域は、相模国ではなく武蔵国だ。鶴見《つるみ》川流域の都筑《つづき》郡、帷子《かたびら》川・大岡《おおおか》川流域の久良岐《くらき》郡、多摩川南岸の橘樹《たちばな》郡の三郡で、いずれも六世紀の「武蔵国造の乱」の結果、屯倉《みやけ》としてヤマト王権に献上された地域だった。

Q2 相模国府はなぜ全国で唯一、場所が特定されていないのか？

国司《こくし》が政務をとる政庁（国衙《こくが》）の所在地を国府《こくふ》というが、日本で唯一、所在地が特定されていないのが相模《さがみ》国の国府だ。相模国府は、最低でも〝三遷〟したとされる。

最初の国府は高座《たかくら》郡にあったようだ。江戸時代の『新編相模国風土記稿《しんぺんさがみのくにふどきこう》』に記された高座郡国分《こくぶ》村がその比定地で国史跡の「相模国分寺《こくぶんじ》跡」もある。今の海老名《えびな》市だ。

承平《じょうへい》五年（九三五）成立の当時の百科全書というべき『和名類聚抄《わみょうるいじゅしょう》』は相模の「国府は大住《おおすみ》郡に存《あ》り」としているが、元慶《がんぎょう》二年（八七八）の関東大地震の後、大住郡に国府を移したと考えられている。それが平塚《ひらつか》市四之宮《しのみや》の「国府関連遺跡」で、政庁の建物を思わせる多数の掘立柱建物の跡や、「政所《まんどころ》」「国厨《くにのくりや》」などと墨書された土器も出土している。ただ大住郡の国府については、平塚市四之宮説以外にも、伊勢原市比々多《ひびた》説、秦野《はたの》市字御門《みかど》説と三説があって、確定するには至っていない。

次に、十二世紀の辞書『伊呂波字類抄《いろはじるいしょう》』に「余綾、ユルキ、府」の記載があり、当時の国府が余綾《よろき》郡にあったことがわかっていて、大磯町国府本郷《おおいそまちこくふほんごう》の大矢場《おおやば》あたりに比定されている。十二世紀以降の国府だ。

大磯町国府本郷の六所《ろくしょ》神社の伝統神事として、五月の国府祭《こうのまち》がある。一宮寒川《さむかわ》神社（高座郡）、二宮川匂《かわわ》神社（中《なか》郡）、三宮比々多《ひびた》神社（伊勢原市）、四宮前鳥《さきとり》神社（平塚市）、五宮平塚八幡宮（平塚市）の神輿《しんよ》が集合し、寒川神社と川匂神社が上座を争う座問答《ざもんどう》が展開するが、比々多神社の「いずれ明年まで」という調停の言葉で終わる。二社の争いは相模国成立にあたっての相武国造《さがむのくにのみやつこ》と師長国造《しながのくにのみやつこ》の主導権争いを想起させるのだが、近くに国府が置かれたために相模の総社《そうじゃ》となり、国府祭を執り行う六所神社の役割もわかろうというものだ。

また、小田原市千代《ちよ》の千代廃寺《はいじ》を相模国分寺と考え、その付近に国府があったとする足柄《あしがら》国府説もある。その場合、足柄を第一次国府とし海老名国府説は消えるのだが、足柄国府の提唱によって相模国府の所在地は四つの候補地を得たことになる。

今は湘南と呼ばれる相模湾沿岸一帯が、古代には相模の中心として栄えたのだ。

Q3

相模国分寺は海老名市国分にあったのか？

国分寺《こくぶんじ》は、天平《てんぴょう》十三年（七四一）の聖武《しょうむ》天皇の詔《みことのり》によって各国に造営された、「鎮護《ちんご》国家《こっか》」を推進する国府《こくふ》と並ぶ重要施設だ。ということは、国府の場所が少なくとも〝三遷〟したと考えられる相模《さがみ》国では、国分寺の場所についても諸説あることになる。

海老名《えびな》市国分《こくぶ》の国史跡「相模国分寺跡」は東西一六〇メートル、南北一二〇メートルの回廊《かいろう》をめぐらし、北側中央に講堂、南側中央に中門《ちゅうもん》があり、回廊内側の東西に金堂と七重搭を配置する法隆寺《ほうりゅうじ》式伽藍《がらん》だ。国分尼寺《にじ》は国分寺の北約五〇〇メートルのところにあり、中門、金堂、講堂が一直線に南北に並ぶ東大寺《とうだいじ》式伽藍。ちなみに東京都国分寺《こくぶんじ》市の武蔵《むさし》国分寺も東大寺式伽藍だ。伽藍形式は当然、法隆寺式のほうが天平の東大寺式より古い。相模国分寺は出土瓦にも天平以前の白鳳《はくほう》様式のものが見られる。

どういうことか。国分寺造立の詔を受けて、諸国の国司《こくし》たちがただちに国分寺を造営したかどうかは疑問なのだ。七重塔を備える一大伽藍をつくるには費用がかかる。

武蔵国分寺跡からは、武蔵国二十郡の名前を刻んだ瓦が出土している。郡ごとに供出する瓦の量にノルマがあったのだ。相模国分寺からそういう瓦は出土していない。

相模国分寺は詔が出る前にすでに建立されていた。天皇や国家の意図を先回りして実行したのではない。相模では、すでにしかるべき伽藍が存在し——郡司《ぐんじ》の氏寺《うじでら》か何かだろう——それに七重塔を建てて国分寺に〝流用〟して済ませ、国分尼寺のみ新規造立した、と考えるほうが自然であり、これが相模国分寺についての通説だった。

ただ、そのいっぽうで足柄《あしがら》国府説を裏付ける、小田原市の千代廃寺《ちよはいじ》の存在がある。

この遺跡は昭和二十六年（一九五一）の千代中学校建設のさいに土取り場にされてしまったが、台地上に巨大な寺院跡があったらしいことは昔からよく知られていた。直径一メートルを超える礎石が三十余も点在し、天平から平安初期にかけての古瓦も無数に散在していたという。昭和三十三年（一九五八）から行われた県市合同の発掘調査で中門、金堂、講堂が一直線に並ぶ東大寺式伽藍であったことも確かめられている。

この〝幻の大寺院〟を相模国分寺であると考える説もあるのだ。

Q4 相模国の由緒ある神社の分布から何がわかるのか?

相模《さがみ》国の一宮《いちのみや》は、寒川《さむかわ》神社（高座《たかくら》郡寒川町《さむかわまち》）である。以下、二宮は川勾《かわわ》神社（中郡二《にの》宮町《みやまち》）、三宮比々多《ひびた》神社（伊勢原《いせはら》市三ノ宮）、四宮前鳥《さきとり》神社（平塚《ひらつか》市四之宮《しのみや》）、五宮平塚八幡宮（平塚市浅間《せんげん》町）と続く。

延長《えんちょう》五年（九二七）に成立した『延喜式神名帳《えんぎしきじんみょうちょう》』掲載の神社のことを式内社《しきないしゃ》というが、そこに載っていること自体が平安前期の段階ですでに地域と結びつきの深い古社として認知されていた社であることを意味する。神奈川県の神社で式内社は、相模国の十三座（足柄上《あしがらかみ》郡の寒田神社、余綾《よろき》郡の川匂神社、大住《おおすみ》郡の前鳥《さきとり》神社、高部屋《たかべや》神社、比々多神社、阿夫利《あふり》神社、愛甲《あいこう》郡の小野神社、高座郡の大庭《おおば》神社、深見《ふかみ》神社と宇都母知《うつもち》神社、寒川神社、有鹿《ありか》神社、石盾尾《いわたてお》神社）と武蔵《むさし》国に都筑《つつき》郡の杉山《すきやま》神社の一座があるのみだ。相模国では鎌倉郡と三浦郡、武蔵国では久良岐《くらき》郡と橘樹《たちばな》郡の神社は式内社に入っていない。これらの郡はどれもが早くからヤマト王権の直轄地や屯倉《みやけ》となったとされるところで、それらの場所に式内社が見られないのは、九世紀に行われた神階授与《しんかいじゅよ》による神祇統制が地域神を通じた人心掌握であったことを物語るだろう。

相模国一宮の寒川神社の祭神は寒川比古命《さむかわひこのみこと》と寒川比女命《さむかわひめのみこと》の二柱で、この地を開発した豪族を祀ったものと考えられている。二宮の川匂神社は師長国造《しながのくにのみやつこ》が創建したといい、やはり土地の神である級津彦命《しなつひこのみこと》と級津姫命《しなつひめのみこ》を主神とする。

大磯町国府本郷《おおいそまちこくふほんごう》の六所《ろくしょ》神社の国府祭《こうのまち》で一宮と二宮が上席を争う座問答《ざもんどう》を相武国造《さがむのくにのみやつこ》と師長国造の勢力争いの反映と見る説が一般的だが、平安末期になってから六所神社が相模の総社《そうじゃ》となっていることを考えれば、それも納得もゆく。

というのは、相模国に生まれた新興武士団の大庭《おおば》氏と、在庁官人《ざいちょうかんじん》だった中村氏の主導権争いの過程で、両勢力の接点となっていた大住郡(平塚市)から中村氏の本拠地に近い余綾郡(大磯町)に国府が移されたのが平安末期だからだ。中村氏に近い二宮が、大庭氏に近い一宮に取って替わろうとした争いが国府祭の座問答に凝縮されているのだろう。

Q5

相模国と神奈川県とではどちらが広い?

「神奈川県」の成立過程を振り返ってみよう。近代のはなし、になる。

明治元年（一八六八）、今の神奈川県の地域には小田原藩、荻野山中藩《おぎのやまなか》（厚木市《あつぎ》）、武蔵金沢藩《むさしかねさわ》（横浜市金沢区）の三藩があった。あとは天領《てんりょう》と大名の飛地《とびち》、旗本領など。

明治四年（一八七一）七月の廃藩置県で、まずこの三藩がそれぞれ県になった。早くも同年十一月にそれが統廃合され、三浦郡、鎌倉郡、高座郡《たかくら》の相模三郡と橘樹郡《たちばな》、久良岐郡《くらき》、都筑郡《つづき》、多摩郡《たま》の武蔵四郡で新生神奈川県が誕生する。これは現在の神奈川県の東半部と東京都の一部なわけで、このとき小田原県と荻野県は伊豆の韮山県と合わせて足柄県《あしがら》となった。相模の西半分は、神奈川県とは別の足柄県《あしがら》だったのだ。

その後も、多摩郡を東京府から移管されたり再移管したりといった分割や統合を繰り返し、今の神奈川県域が確定したのは明治二十六年（一八九三）。それが旧相模国全域と橘樹、久良岐、都筑の武蔵国三郡を合わせたものであり、だから当然、「相模国と神奈川県では、神奈川県のほうが広い」といえるのだが、私たちが認識している「神奈川県」の姿かたちは、長い日本史において百年と少しの歴史しか持たないのだ。

大化の改新の詔《みことのり》を受け、国・郡・里に分けられた地方の行政区分だが、それはかなり後まで存続し、また今でも存続している。神奈川県内で律令制以来の名が残るのは、足柄上《あしがらかみ》郡、足柄下《しも》郡、愛甲《あいこう》(古くは「あゆかわ」といった)郡、高座郡、三浦郡と相模八郡のうち五つ。いわゆる「平成の大合併」において全国的に市町村数が減って再編されたが、神奈川県の場合、藤野町《ふじのまち》と城山町《しろやままち》が相模原《さがみはら》市と合併したぐらいで、新たな自治体誕生はなし。三浦郡は葉山町《はやままち》のみ、高座郡は寒川町《さむかわまち》しかないが、存続している。相模国府《こくふ》が場所を移しながらも、今「湘南《しょうなん》」と呼ばれている相模湾沿岸を中心に置かれていたように、古代において「神奈川県」の繁栄を担ったのは相模国地域だった。二〇〇三年まで年代の一時期、寒川町と大磯町《おおいそまち》と二宮町《にのみやまち》の三町が合併して「湘南市」としようという構想があったが、下火になっている。これも古来からの郡名町名に対する市民の愛着か——。

Q6

古代の東海道は神奈川県のどこを通っていたのか?

神奈川県内最古の道は、『古事記』のヤマトタケル東征説話などから考えると、駿《する》河《が》から足柄《あしがら》峠を越え、相模川《さがみがわ》を中流域で渡った後で南東に降り、三浦から走水《はしりみず》(浦賀《うらが》水道)を横切って上総《かずさ》国に至ったと考えられている。

律令体制下に設置された官道である東海道《とうかいどう》も、はじめはそのルートで相模国から上総国に通じていた。大宝《たいほう》元年(七〇一)制定の大宝令《りょう》によれば、三十里(約一六キロメートル)ごとに一駅を置き、駅には駅馬を備えていた。駅路は中央集権体制を支える動脈でもあるため、都と各国府との素早い情報伝達が目的とされた。そのため駅路は最短距離を結ぶ工夫がなされていたはずだ。

古代の道は、『延喜式《えんぎしき》』や『和名類聚抄《わみょうるいじゅしょう》』に記載された駅名などの位置を現在地に比定することでそのルートなどが解明されているが、やはり推測の域を出ていない。

東海道は足柄峠を越えたのち、相模国では、足柄峠の麓の坂本駅(南足柄《みなみあしがら》市関本《せきもと》から南足柄市地蔵堂《じぞうどう》あたり)から相模湾沿岸方面に出て、酒匂川《さかわがわ》の河口近くの小総《おぶさ》駅(小田原市)に至り、再び山沿いに進路を変えて箕輪《みのわ》駅(伊勢原市笠窪《かさくぼ》、あるいは平塚《ひらつか》市内)を経て、相模川を渡り、夷参《いざま》駅(座間《ざま》市)に至り、台地を南下して鎌倉・三浦へと至ったと考えられている。

宝亀《ほうき》二年(七七一)、東山《とうさん》道に属していた武蔵《むさし》国が東海道に転属となる。

十世紀の初めに編纂された『延喜式』に示される平安時代の相模の駅制は、武蔵国に至る道として、夷参駅に代わって相模川の少し下流の浜田《はまだ》駅(海老名《えびな》市浜田あたり)から北上、武蔵国に入って都筑《つづき》郡の店屋《まちや》駅(町田市鶴間《つるま》あたり)、あるいは横浜市瀬谷《せや》区瀬谷)を経て、多摩川近くの橘樹《たちばな》郡小高《おだか》駅(川崎市中原区小田中《おだなか》あたり)へ向かう道が整備されていた。この道は、後に江戸時代に整備され矢倉沢往還《やぐらざわおうかん》(大山《おおやま》街道)といわれた、今の国道二四六号線にかなり重なる。

相模国内を走る古東海道は、足柄峠を降りた後、内陸部を進むルートと海岸線をゆくルートとの二つがあったようだ。

Q7 足柄関はなんのために設けられたのか？

古来、畿内から関東を見て「あづま」と呼んだが、その境目は相模《さがみ》国と駿河《するが》国の国境、足柄坂《あしがらさか》だった。今では静岡県小山《おやま》町と南足柄《みなみあしがら》市の県境をなし、足柄峠という。標高は七五九メートルだが、この坂より東という意味で、坂東《ばんどう》。『常陸国風土記《ひたちのくにふどき》』にも、「古《いにしえ》は相模国の足柄岳坂《あしがらのやまさか》より以東の諸県《もろもろのあがた》を我姫国《あがつまのくに》と称《い》う」とある。

『万葉集』にある武蔵《むさし》国埼玉《さきたま》郡の上丁藤原部等母麻呂《かみつよほろふじわらべのともまろ》と妻の物部刀自売《もののべのとじめ》の問答歌は、

「足柄の御坂《みさか》に立《た》して袖振らば家《いわ》なる妹《いも》は清《さや》に見もかも」

「色深《ぶか》く背《せ》なが衣は染めましを御坂たばらばま清《さや》かに見む」

このように箱根《はこね》の山と足柄坂は人の往来を阻んできた。箱根越えの道で最も古く開かれたのは「碓氷道《うすいみち》」で、御殿場《ごてんば》付近から乙女《おとめ》峠、仙石原《せんごくはら》、碓氷峠(宮城野《みやぎの》)、明神《みょうじん》ヶ《が》岳《たけ》を経て足柄平野に抜ける。標高一〇〇〇メートルの山を二度も越える難路だった。

「足柄道」が官道として整備されたのは奈良時代以後だ。

足柄関《あしがらのせき》が設置されたのは、昌泰《しょうたい》二年（八九九）。同時に東山道《とうさんどう》の碓氷関（群馬県安中《あんなか》市と長野県軽井沢町の県境）も設けられたのだが、設置を命じる太政官符《だじょうかんぷ》には、僦馬《しゅうば》の党（馬運業者）が群盗化し荷駄を収奪していたが、上野《こうずけ》国からの申請によるとその中心は相模国の者のようだ、と書かれてある。手を焼いた上野国が、相模国と諮《はか》って朝廷に申請したため、二つの関が設けられたのだ。

今、南足柄市矢倉沢《やぐらさわ》の地蔵堂《じぞうどう》から足柄道を登ると、「足柄関所跡」の標柱が立っている。両関の設置により群盗の跋扈《ばっこ》は収まったようだが、天暦《てんりゃく》十年（九五六）には駿河国から国司《こくし》の帯剣《たいけん》の願いが出された。足柄関が機能せず坂東の凶徒が駿河に侵入し横行しているから、というのが理由だった。藤原資房《すけふさ》の日記『春記《しゅんき》』（『野房記《やぼうき》』とも）によると足柄関は長元《ちょうげん》九年（一〇三六）に廃されたようで、鎌倉時代初期に飛鳥井雅経《あすかいまさつね》は、「留るへき関屋《せきや》はうちもあらはにて嵐は烈《はげ》し足柄の山」「足柄の山の関守《せきもり》いにしへは有もやしけん跡だにもなし」と詠んだ。そのころには足柄関は、もう跡形もなくなっていたようだ。

Q8
足柄山の金太郎は実在の人物なのか？

箱根山《はこねやま》の北に金時山《きんときさん》がある。標高一二一三メートルは箱根外輪山の最高峰にして最北端。箱根の山歩きで一番人気の山だ。「足柄山《あしがらやま》」というひとつの山があるのではなく、金時山から足柄峠に至る一帯が「足柄山」と呼ばれ、金太郎の生地とされている。

だから足柄峠の東の神奈川県南足柄市と西の静岡県駿東郡小山町《すんとうぐんおやまちょう》の双方に、金太郎絡みの〝史跡〟は散在する。金時神社は神奈川側・静岡側双方にあり、静岡側の金時神社は金時屋敷ともいって金太郎誕生地でもあり、金太郎産湯の水「ちょろり七滝《ななたき》」や金太郎母子が信仰したという第六天社《だいろくてんしゃ》もある。神奈川側にも金太郎の産湯に使われたという夕日の滝や、頼光《らいこう》対面の滝というのもある……。

そもそも金太郎とは、足柄山の彫物師十兵衛の娘八重桐《やえぎり》が京にのぼり、宮中に仕えていた坂田蔵人《さかたのくらんど》と結ばれてできた子どもだ。母八重桐は里帰り出産するが、父の蔵人は都で死に、母は京には戻らずに故郷の足柄山で赤子を育てた。それが、母孝行の力持ち、熊と相撲を取って元気に育った金太郎である――と金時神社の伝説は語る。

金太郎は天延《てんえん》四年(九七六)三月、足柄峠にさしかかった源頼光《みなもとのよりみつ》と出会い、家来に取り立てられたという。坂田金時《さかたのきんとき》と改名し、渡辺綱《わたなべのつな》、卜部季武《うらべのすえたけ》、碓井《うすい》貞光《さだみつ》とともに「頼光四天王」を形成、活躍する。大江山の酒呑童子《しゅてんどうじ》退治などは、後に成立した『今昔物語集《こんじゃく》』や『宇治拾遺物語《うじしゅうい》』、さらに室町時代の『御伽草子《おとぎぞうし》』などに描かれた話だ。

実際の頼光は摂津《せっつ》国多田《ただ》に武士団を形成した源《みなもとの》(多田)満仲《みつなか》の子で、但馬《たじま》や伊予《いよ》、摂津の受領《ずりょう》を歴任。そうして蓄えた財を権門《けんもん》の藤原道長《ふじわらのみちなが》に寄進して自らも昇殿《しょうでん》を許されるなど権勢のきざはしを昇り、やはり摂関《せっかん》家に仕えた弟の源頼信《よりのぶ》とともに清和《せいわ》源氏勃興の礎を築いた。そして藤原道長の『御堂関白記《みどうかんぱくき》』などに、下毛野公時《しもつけぬのきんとき》なる随身《ずいしん》(近衛府《このえふ》の官人)がいて、道長に仕えたことが記されている。

この、ルーツを坂東に持つであろう下毛野公時に仮託して人物像が脚色され、坂田金時が生まれたのかもしれない。金太郎、金時の「怪力」イメージは江戸時代の浄瑠璃《じょうるり》や歌舞伎によるところが大きいが、やはり同時代に〃それらしき人〃はいたのだ。

もっと知りたい歴史こばなし ①

住民参加の大（応）神塚古墳発掘

寒川町に５世紀前半築造の大《おお》（応）神塚《じんづか》古墳という前方後円墳がある。発掘された明治 41 年（1908）当時は、新聞が報道し、講演会まで行われるほど大きな評判を呼んだ。古墳西側の陪塚《ばいちょう》から見つかった３個の勾玉《まがたま》がきっかけで掘られることになった。陪塚が相模《さがみ》一の宮寒川《さむかわ》神社の元別当安楽寺《べっとうあんらくじ》の境内に位置することから、神社ゆかりの古墳（「由緒古墳」）ということが大きかったようだ。警察への許可申請も東京帝大への発掘要請も寒川神社が行い、坪井正五郎《つぼいしょうごろう》の指導のもとで実施された。作業員として 146 人の寒川町の住民たちが働いたことが記録されている。４月 15 日から発掘が始められ、同 27 日には埋め戻し作業が終了。実働 11 日（２日間は雨天などで作業中止）で、発掘費用に金 183 円 50 銭を要した。これは寄付金で賄われたらしい。土地開発に伴う限られた時間で行う行政発掘が多い現在では考えられない発掘である。銅鏡や直刀などが出土したものの神社との関連は分からなかったようだ。その時の発掘品はいまも神社に保存されている。

第2章

神奈川県の鎌倉・室町時代

朝夷（比）奈切通し
（鎌倉市十二所。鎌倉市観光協会提供）

第2章

時代をよむ

武家の都・鎌倉の栄光と衰退

中世の神奈川は、源頼朝《みなもとのよりとも》による鎌倉幕府の樹立により、一躍日本史の主役に躍り出る。武家の都である鎌倉は、京の朝廷と並ぶ重要な国政審議の場となり、この時代を代表する事件の多くが、何らかのかたちで鎌倉とかかわりを持つことになった。

壇ノ浦《だんのうら》で平家が滅亡し、頼朝に反旗を翻した義経《よしつね》も没落、文治《ぶんじ》五年(一一八九)、頼朝の奥州合戦により奥州藤原氏が滅ぶと、幕府を脅かす軍事的脅威はなくなった。しかし、頼朝の死後、幕府の内紛は激化し、源氏将軍はわずか三代で滅ぶ。代わって幕府の実権を握ったのは執権北条《しっけんほうじょう》氏だった。三代将軍実朝《さねとも》の暗殺直後に起こった承久《じょうきゅう》の乱では、北条政子《まさこ》の演説により御家人《ごけにん》たちは心を一つにして後鳥羽《ごとば》上皇の京方を破り、朝廷に対する幕府の優位を決定づけた。そして三代執権泰時《やすとき》の時代、評定衆《ひょうじょうしゅう》の設置や御成敗式目《ごせいばいしきもく》の制定などの善政をしき、執権政治は全盛期を迎える。

鎌倉時代を通して、幕府最大の試練はモンゴルによる日本侵攻(元寇《げんこう》)であった。時の執権北条時宗《ときむね》は、鎌倉に下向《げこう》した元の使者を処刑するなど断固たる態度で元の要求を退け、フビライ・ハンの野望を阻止する。しかし、元寇の恩賞の不足や北条氏の独裁政治に対する御家人の不満は徐々に高まり、やがて後醍醐《ごだいご》天皇による倒幕が始まる。足利尊氏《あしかがたかうじ》をはじめとする有力御家人が相次いで幕府から離反し、新田義貞《にったよしさだ》の挙兵により鎌倉幕府は滅亡する。

新たに幕府を開いた足利尊氏は幕府の地を京に定め、国政の中心はふたたび西に移る。しかし、関東支配は鎌倉府に拠点をおく鎌倉公方《くぼう》と関東管領《かんれい》にゆだねられ、引き続き政治都市として鎌倉は存在感を保ち続けた。

関東十か国を支配下に置く鎌倉公方は、その権力の大きさゆえに独立志向が強く、京の足利将軍家に敵対心を燃やし、徐々に反幕の姿勢を露わにしていく。やがて、将軍義教《よしのり》に背いた四代鎌倉公方足利持氏《もちうじ》は幕府の追討を受けて滅亡、後を継いだ五代成氏《しげうじ》も幕府の追討を受け下総古河《しもうさこが》に逃れた。関東支配の要である鎌倉府は機能不全に陥り、歴史の中の鎌倉はその存在感を急速に失っていくのである。

Q9

伊豆に流されていたのに、なぜ源頼朝は鎌倉に幕府を置いたのか？

日本史上において、相模《さがみ》がもっとも輝いたのは鎌倉時代ではないだろうか。そして、その歴史を築いた最大の功労者といえば、源頼朝《みなもとのよりとも》をおいてほかにはない。

頼朝が平治《へいじ》の乱で敗れ伊豆《いず》に流されたのは、十三歳の時である。以来、二十年にわたって伊豆の蛭ヶ小島《ひるがこじま》の配所で流人生活を送った。この間の頼朝の暮らしぶりついてはほとんど分かっていないが、必ずしも悲惨な囚人生活を送っていたわけではなかった。伊豆の豪族北条時政《ほうじょうときまさ》の娘政子《まさこ》を妻に迎え娘婿としてもてなされたうえ、安達盛長《あだちもりなが》や土肥実平《どひさねひら》、比企能員《ひきよしかず》など頼朝を慕う相模・武蔵《むさし》の在地武士が彼を取り巻いていた。

頼朝の運命を大きく変える事件が勃発したのは、平治の乱の二十年後のことである。治承《じしょう》三年（一一七九）十一月、京で平清盛《たいらのきよもり》が後白河《ごしらかわ》法皇を幽閉して政権を握ると、反平家の機運は急速に高まり、翌年、法皇の第三皇子以仁王《もちひとおう》により平家打倒の令旨《りょうじ》（皇后や親王が発する命令書)が諸国の源氏に発せられたのである。

叔父源行家《ゆきいえ》によって以仁王の令旨が頼朝のもとに届けられたのは、治承四年四月二十七日のことだった。当初、頼朝は挙兵に消極的だったが、平家が諸国の源氏を追討しようとしているとの噂がもたらされたため、ついに平家打倒を決意する。

治承四年八月十七日、頼朝は伊豆目代《もくだい》(国守の代官)山木兼隆《やまきかねたか》を討ち、続いて相模の三浦氏と合流するため三浦半島に向かった。石橋山《いしばしやま》で大庭景親《おおばかげちか》率いる平家軍に大敗を喫し、命からがら海路を房総半島に逃れたが、在地武士を味方につけてまたたく間に安房《あわ》を制圧。関東各地の有力武士に使者を派遣し参陣をうながした。

このとき、安達盛長が源氏譜代《ふだい》の家人《けにん》である下総《しもうさ》の豪族千葉常胤《ちばつねたね》を訪れたところ、次のような助言を得た。「今(頼朝が)いる居所は要害の地ではなく、また源氏ゆかりの地でもありません。早く相模の鎌倉にお向かいください」。鎌倉こそ源氏の本拠地にふさわしいという認識は、すでに譜代の家人の間で共有されていたのである。

鎌倉と源氏のつながりは古く、源頼朝の五代前の頼義《よりよし》の時代にさかのぼる。十一世紀の中頃、坂東平氏の族長的存在だった平直方《なおかた》の婿に迎えられた頼義は、直方から鎌倉の領地や屋敷を譲り受けると、康平《こうへい》六年（一〇六三）、ひそかに京の石清水《いわしみず》八幡宮を勧請《かんじょう》して鎌倉の由比郷《ゆいごう》（現在の鎌倉市材木座《ざいもくざ》一丁目付近）に鶴岡《つるがおか》八幡宮を建てた。

頼朝の父義朝《よしとも》も、関東で勢力を拡大するにあたって鎌倉を拠点とした。亀谷《かめがやつ》（現在の寿福寺《じゅふくじ》の付近）に居館を建て、三浦氏や上総《かずさ》氏などの有力豪族と結んで相模から武蔵《むさし》、上総へ勢力を伸ばした。歴史的に見ても、源氏の棟梁が関東の武士に号令を下す場所として、鎌倉ほどふさわしい場所はなかった。

頼朝入部前の鎌倉は、どのようなところだったのだろうか。鎌倉幕府の正史『吾妻鏡《あずまかがみ》』によると「鎌倉はもともと辺鄙《へんぴ》な土地で、漁師や農民以外、居を定めようという者は少なかった」という。そのため幕府開創前の鎌倉は、ひなびた地方の一漁村であったと長らく考えられてきた。

しかし近年、発掘調査などの結果により、頼朝が鎌倉をめざした時、すでに都市としての体裁を整えつつあったと考えられるようになっている。義朝の居館がある亀谷の付近は、東で武蔵国六浦《むつら》につながる六浦路《みち》と、西北で武蔵府中《ふちゅう》へ至る武蔵大路《おおじ》が交差する交通の要衝だった。この周辺からは、鎌倉時代以前にさかのぼる郡の役所跡が、六浦路の東側からは大型建物群の遺構が発掘されており、すでに頼朝入部前から、義朝の居館を中心に源氏一族や譜代家人の邸宅や所領が並んでいたと考えられている。

また、南に広がる由比ケ浜《ゆいがはま》周辺には、頼義が勧請した八幡宮をはじめ、薬師堂《やくしどう》や甘縄神明社《あまなわしんめいしゃ》、御霊《ごりょう》神社などの古社があり、その前方の浜には多数の民家が建ち並んでいた。先の『吾妻鏡』の記述は、頼朝入部の意義やインパクトを強調するために、あえてそれ以前の鎌倉を一寒村のように描いたものと推測されるのである。

このように、当時の鎌倉は北部の山沿いと南の浜辺に集落が開けていたが、依然として中間地帯は低湿地で、田畑や荒野が広がっていた。軍事・政治都市として本格的に発展を始めるのは、頼朝入部以後であることに変わりはない。

安房で勢力を盛り返した頼朝は、やがて房総半島を北上して上総、下総を支配下におさめ、九月末には武蔵に入国。そして十月七日、父祖ゆかりの地である鎌倉への入部を果たした。鎌倉時代の武家政治の中心地であり、室町時代には幕府の関東支配の拠点となった武都鎌倉の歴史は、ここに幕を開けるのである。

Q10

源頼朝が「鎌倉入り」して最初にやったことは？

源頼朝《みなもとのよりとも》が関東をほぼ制圧し、源氏ゆかりの鎌倉に入ったのは、挙兵から二か月後の治承《じしょう》四年（一一八〇）十月七日のことであった。前日、畠山重忠《はたけやましげただ》を先陣として相模国《さがみ》に入った時、頼朝の軍勢は幾千万ともしれないほどであったと『吾妻鏡《あずまかがみ》』は記す。

鎌倉に入った頼朝が、初めに何をしたのかは気になるところである。平家打倒の軍議であろうか、または挙兵以来離れ離れだった妻政子《まさこ》と再会を喜び合ったのだろうか。

答えはそのどちらでもない。頼朝は源氏の氏神《うじがみ》である鶴岡《つるがおか》八幡宮を遙拝《ようはい》（遠く離れた場所から拝むこと）したのである。頼朝の気持ちは知る由もないが、今から二十年前、死罪寸前まで追い詰められた平治《へいじ》の乱、自害も覚悟した石橋《いしばし》山の敗戦など苦難の半生を振り返り、尊崇する八幡神に感謝の気持ちを捧げたのではないだろうか。ちなみに元暦《げんりゃく》二年（一一八五）四月十一日、平氏滅亡の報が鎌倉にもたらされた時も、頼朝は自ら報告書を巻き取り、無言のまま鶴岡八幡宮に向かって座り直したという。

八幡宮を遙拝した頼朝は、その後義朝《よしとも》の居館跡である亀谷《かめがやつ》に赴き、自身の邸宅を建てようとした。しかし、土地が狭いため東の大倉郷《おおくらごう》を宅地とし、すでに山内《やまのうち》に建っていた在家を移築したという。この邸宅は百九十年前に建てられたものであったが、陰陽師《おんみょうじ》安倍晴明《あべのせいめい》の護符が押されていたため火災にあったことがない縁起の良い建物だった。

十一日、北条政子が鎌倉に入り、翌日小林郷《こばやしごう》(鎌倉市雪ノ下《ゆきのした》付近)に簡素な社を建てて鶴岡八幡宮を遷座した。社殿を造営するにあたって、頼朝は元の由比郷《ゆいごう》と新たな小林郷のいずれが良いか考えが定まらなかった。そこで潔斎して心身を清め、神前でクジを引いたところ、引き当てたのが現在八幡宮の鎮座する小林郷だったという。

鶴岡八幡宮の造営に加えて、もう一つ見逃してはならないのは、入部翌日、真っ先に駆けつけた足立遠元《あだちとおもと》という武蔵《むさし》の在地武士に、所領安堵《あんど》を約束していることだ。武士の所領の保全や新たな所領の給与は、武家の棟梁のもっとも重要な仕事である。彼らの期待に応えることが自身の権力基盤を強固にすることを誰よりも心得ていたからこそ、頼朝は武士の頂点に君臨することができたのである。

Q11 「幕府」って具体的には鎌倉市内のどこにあったの？

「幕府」とは、もともと中国において、幕で囲われた出征中の将軍の陣営を意味する用語だった。それが転じて、日本では平安中期頃より朝廷の武官の最高職である近衛《このえの》大将《だいしょう》の居館をさすようになった。源頼朝《みなもとのよりとも》が右近衛大将《うこんえのだいしょう》に任官した建久《けんきゅう》元年（一一九〇）を鎌倉幕府成立の年とする説も、このような歴史用語の語義に由来するものである。

さらに、武家政治が定着した後世には、武家政権の首長である征夷大将軍の居館、あるいは武家政権そのものを幕府と呼ぶようになる。

では、鎌倉幕府の政庁である「幕府」は、鎌倉のどこにあったのだろうか。実は鎌倉時代を通して、幕府の場所は何度か変わっているのである。

最初の幕府は、鶴岡《つるがおか》八幡宮の東側にある大倉山《おおくらやま》の麓にあった（鎌倉市雪ノ下《ゆきのした》三丁目付近）。頼朝が鎌倉入部後、居館を築いた場所で、現在山の中腹に頼朝の墓がある。

この「大蔵《おおくら》幕府」において、治承《じしょう》四年（一一八〇）から嘉禄《かろく》元年（一二二五）までの四十六年間、頼朝・頼家《よりいえ》・実朝《さねとも》・頼経《よりつね》（関白九条道家《くじょうみちいえ》の三男）の四代にわたって幕政がとり行われた。

承久《じょうきゅう》三年（一二二一）、承久の乱が起こり、幕府が勝利して朝廷に対する優位を確立すると、それを見届けるかのように、四年後、北条政子《ほうじょうまさこ》が死去する。頼朝亡き後の幕府に君臨した尼将軍の死を契機に、心機一転を図ろうと考えた北条泰時《やすとき》、時房《ときふさ》ら首脳陣は幕府の移転を計画。宇津宮辻小路《うつのみやつじこうじ》（鎌倉市小町《こまち》二丁目付近）に新たな幕府を造営して、将軍九条頼経を大倉山の旧幕府から移した。

しかし、この「宇都宮辻子《ずし》幕府」もわずか十一年で、政庁としての役割を終える。北条泰時が執権を務めていた嘉禎《かてい》二年（一二三六）、三度目の移転が計画され、若宮大《わかみやおお》路《じ》（鎌倉市雪ノ下一丁目付近）に新たな幕府が造営された。以後九十八年間にわたり政治の中心として機能したが、元弘《げんこう》三年（一三三三）に新田義貞《にったよしさだ》の鎌倉攻めによって失われた。鎌倉幕府の命運とともに、政庁としての「幕府」の歴史も、ここに幕を閉じるのである。

Q12

鎌倉が「鎌倉城」とも呼ばれたのはなぜ？

京の公家九条兼実《くじょうかねざね》の日記『玉葉《ぎょくよう》』に、関東を制圧していた頃の源頼朝《みなもとのよりとも》の居所を「鎌倉城」と呼んでいる個所がある。「城」というと、現代人は天守閣と石垣からなる近世城郭を思い浮かべるが、当時そのような巨大な城は存在しない。

その頃の城郭は、逆茂木《さかもぎ》や掻楯《かいだて》などのバリケードによって臨時に構築された交通遮断施設をさすことが多かった。しかし、すでに朝廷の勢力を排除し、関東の支配者として振る舞っていた頼朝の居所が、そのような臨時の軍事施設であるはずもない。

鎌倉城とは鎌倉という都市全体が、巨大な城塞都市として機能していたことを表現したものと考えられている。北東西の三方を険阻な丘陵が囲み、南に相模湾が広がる鎌倉は、攻めるに難く守るに易い天然の要塞である。こうした自然の立地に加えて、幕府は鎌倉全体を巨大な城郭として整備していた。

都市鎌倉の整備は、鶴岡《つるがおか》八幡宮の造営に始まる。そこから南の由比《ゆい》ヶ浜《がはま》に向かってメインストリートである若宮大路《わかみやおうじ》を通し、この大路を軸として都市開発が進められた。若宮大路は鶴岡に通じる参道であると同時に、大火の延焼を防ぐための火よけ地であり、また鎌倉を東西に二分する防衛施設でもあった。

大路の両側は築地で仕切られており、左右に並ぶ建物は大路を背にして建ち並んでいた。築地が切れるのは東西の小路が横切る三か所だけで、そこは「下馬橋《げばばし》」と呼ばれ堀と橋で区切られていたという。建暦《けんりゃく》三年（一二一三）、和田義盛《わだよしもり》の一族による反乱（和田合戦）の際、大路の西側に和田軍、東側に幕府軍が陣を敷いた事実も、大路の軍事的な意義をよく表している。

外敵の侵入を防ぐ工夫も施されていた。亀谷坂《かめがやつざか》、化粧《けわい》坂など鎌倉の周囲に設けられた複数の「切通し」がそれである。山や丘を掘削して通した狭い通路のことで、戦時には木戸を築き、楯を並べて外敵の侵入を防いだ。往時の姿を色濃く残している名越《なごえ》坂の切通しは狭い道が次々と折れ曲がり、容易に軍勢が侵入できない構造になっている。武家の都鎌倉の発展は、こうした軍事面の整備とも無関係ではなかったのである。

Q13 源義経が腰越から出した有名な手紙は実在するのか？

「判官びいき」という言葉がある。不幸な境遇の人を思わず応援してしまう日本人の心性をさす慣用句だ。平家追討の最大の功労者である源義経《みなもとのよしつね》が兄頼朝《よりとも》に疎《うと》まれ、滅ぼされたことに人々が同情を寄せたところから生まれた。ちなみに判官《ほうがん》とは検非違使《けびいし》の尉《じょう》の別名で、義経は後白河《ごしらかわ》法皇から検非違使左衛門少尉《さえもんのしょうじょう》の官職を与えられていた。

義経は頼朝の異母弟で、平治《へいじ》の乱の時、数え年一歳の乳飲み子であったが、将来出家することを条件に二人の兄とともに助命され、長じて鞍馬寺《くらまでら》に送られた。そこで自身の出自を知った義経は、打倒平家を誓い鞍馬を脱走、奥州で独自の勢力を築いていた藤原秀衡《ふじわらのひでひら》を頼って平泉《ひらいずみ》に下った。そして、頼朝の挙兵を聞くや秀衡の制止を振り切って平泉を後にし、頼朝の陣営に加わったのである。

その後の活躍は周知のとおり。兄範頼《のりより》とともに軍勢を率いて上洛し、平家に代わって京を支配していた木曾義仲《きそよしなか》を破って京の治安を回復。続く一ノ谷《いちのたに》の戦いでは有名な坂落としによって平家軍を撃破し、一年後、屋島《やしま》・壇ノ浦《だんのうら》の戦いで平家を滅ぼした。しかし、ここから義経の悲劇は始まる。平家の捕虜を連れて京から東国に下ったが、頼朝の命により相模国《さがみのくに》腰越《こしごえ》(現鎌倉市南西部)で止められ、鎌倉に入ることすら許されなかったのである。

なぜ、頼朝は義経を疎んじたのだろうか。かつては、頼朝が天才的な義経の武略を恐れたためなどといわれていた。しかし近年は、義経の自分勝手な振る舞いが頼朝の怒りを買ったとする説が有力である。義経が無断で朝廷から官職を得たこと、無理攻めをして三種の神器の一つである宝剣を失ったこと、御家人《ごけにん》たちが委縮するような横暴な言動が多かったことなど、義経のスタンドプレーは枚挙にいとまがない。以前は、頼りない兄範頼のピンチヒッターとして出陣したと考えられていた屋島の戦いも、近年は義経の独断による出陣だった可能性が指摘されている。

楽天的な義経は、頼朝に会いさえすれば誤解は解けると信じていたらしい。兄の怒りの大きさを悟った義経は、自身の心情を書状にしたため、大江広元《おおえのひろもと》を介して頼朝に差し出した。これが世に名文として名高い「腰越状《こしごえじょう》」である。

内容は、平家追討という軍功をあげながら讒言《ざんげん》によって弁解のチャンスすら与えられず悲しみに暮れていること、諸国をさすらい土民百姓にこき使われた不幸な幼少期のこと、父義朝《よしとも》の無念を晴らすため平家追討のために命がけで働き、その恩賞として検非違使左衛門少尉の官職を受けたことは家の面目であることなどが、哀調に満ちた文章で綴られている。

広元はこの書状を頼朝に見せたが、「追って考えよう」というだけで、はっきりした言葉はなかったという。頼朝の切なる願いは、非情な兄の心には響かなかったのである。憤懣やるかたない義経は、東国を去るにあたって「関東に恨みをもつ者は義経に従え」と言い放ち、またしても頼朝の怒りを買ってしまうのだった。

「腰越状」は鎌倉幕府の正史『吾妻鏡《あずまかがみ》』のほか、『平家物語』『義経記《ぎけいき》』などに載せられている。さて、その真偽やいかにということになるわけだが、古文書学の見地からみると、様式や文言が当時の形式と異なっており、鎌倉中期に成立した義経伝説に基づく創作であるとする説が有力である。

義経が腰越状をしたためたとされる満福寺《まんぷくじ》(鎌倉市腰越)には、弁慶《べんけい》直筆という腰越状の下書きと、弁慶が墨を磨《す》った時に使った「硯《すずり》の池」が残っている。もっとも、腰越状自体が偽文書である可能性が高い以上、その下書きが本物である可能性も低いと言わざるを得ない。また、同時代の高僧慈円《じえん》が著した歴史書『愚管抄《ぐかんしょう》』や、『平家物語』の諸本中、もっとも古い形をとどめるとされる『延慶本《えんぎょう》 平家物語』は、義経が鎌倉に入ったことを伝えており、腰越で足止めされたという所伝すら確実とはいえないのである。

もっとも、兄頼朝との仲が修復不能になっていたことは確かだった。京に戻った義経は、法皇を脅して頼朝追討の宣旨《せんじ》を得たものの兵は集まらず、京を捨て奥州に逃れた。しかし、間もなく最大の庇護者であった藤原秀衡が死に、跡を継いだ泰衡《やすひら》は頼朝の脅迫に耐えきれず、文治《ぶんじ》五年(一一八九)閏《うるう》四月三十日、義経の邸を襲撃する。郎等《ろうとう》たちは必死に防戦したが破れ、義経は持仏堂に籠もって妻と娘を殺した後、自害した。首級は美酒に浸され関東に送られたが、行き先はほかならぬ腰越の浦であったという。義経と腰越は最期まで悪しき因縁で結ばれていたのだった。

Q14

武家の棟梁なのに、源頼朝が落馬で死んだというのはホント？

源頼朝《みなもとのよりとも》は建久《けんきゅう》十年（一一九九）一月十三日、五十三歳で世を去った。武家政権の創始者だけに、死にざまもさぞかし英雄的であろうと思う人は多いのではないだろうか。

ところが事実はそうでもなかったらしい。幕府の正史『吾妻鏡《あずまかがみ》』によると、前年十月、新造された相模川《さがみがわ》の橋供養《はしくよう》に列席した帰り道に馬から落ち、いくほどもなくして死んでしまったというのである。

もっとも、この記事がどこまで真実を伝えているのかはわからない。『吾妻鏡』が建久七年（一一九六）から頼朝が死んだ建久十年（一一九九）一月までの記事を欠いており、頼朝の死を直接伝える記事が残されていないからである。落馬情報はその十二年後、相模川の橋供養が議されたとき話題に上った記事のなかに見えるだけだ。そのため頼朝は北条《ほうじょう》氏によって暗殺され、その事実を隠ぺいするために、『吾妻鏡』の当該部分が削除されたとする説もあるが、憶測の域を出ない。

京の貴族にも詳細は伝えられなかったようだ。摂関近衛家実《このえいえざね》の日記『猪隈《いのくま》関白記』によると、頼朝が鎌倉で死亡した直後、飲水《いんすい》(糖尿病)により重病になっているとの報が京にもたらされている。同じ頃、歌人の藤原定家《さだいえ》は『明月記《めいげつき》』のなかで、頼朝が病気により出家したとの情報を記している。いずれも落馬をにおわす記述はない。

一方、頼朝の死は怨霊の祟りによるものとする噂もあった。南北朝時代成立の歴史書『保暦間記《ほうりゃくかんき》』によると、橋供養の帰り道、頼朝が八的ヶ原《やまとがはら》(藤沢市辻堂《つじどう》付近)にさしかかると源義経《よしつね》や源行家《ゆきいえ》の亡霊が現れてにらみ合いとなり、さらに稲村ヶ崎《いなむらがさき》に至って海上に安徳《あんとく》天皇の亡霊が現れ「今こそ見つけたぞ！」と叫んだ。その後、鎌倉に帰って発病し亡くなったという。

東大寺再建に貢献した宋の工人陳和卿《ちんなけい》が「多くの人の命を奪った罪業深い人」といって頼朝との面会を拒絶した逸話からもうかがえるように、あまたの政敵を滅ぼして権力を築いた頼朝を非難する雰囲気が、当時の社会にはあったのかもしれない。いずれにせよ希代の英雄らしからぬ、後味の悪い最期になってしまった。

Q15

鎌倉幕府にしかない「執権」ってどんな役職?

「執権《しっけん》」とは政治の実権を握ること、あるいはその人をさす普通名詞であるが、鎌倉時代には幕政の最高責任者をさす職名として用いられた。この職を代々独占的に世襲したのが北条氏《ほうじょう》だった。

カリスマ的政治家であった源頼朝《みなもとのよりとも》が死に、嫡男頼家《よりいえ》が二代将軍につくと、御家人《ごけにん》たちはすぐさま将軍権力の抑制に乗り出す。頼朝の死後三か月も経たない正治《しょうじ》元年(一一九九)四月には、十三人の御家人による合議制が導入され、早くも頼家は将軍権力の源泉である訴訟の裁決権を大幅に制限された。

御家人が将軍の力をそぐというと不自然に聞こえるかもしれないが、もともと東国武士たちは源氏の世を作ろうとして頼朝の挙兵に加わったわけではない。自分の所領を守り拡大するために、頼朝を旗印として結集したに過ぎなかった。頼朝の存命中は、卓越したカリスマ性と政治力によって御家人たちを統制できたが、頼朝亡き今、御家人たちが自己主張をし始めるのは自然な流れであった。

やがて、妻の実家の比企《ひき》氏が北条氏によって滅ぼされると、後ろ盾を失った頼家の権力はさらに弱まり、ついに建仁《けんにん》三年(一二〇三)、母政子《まさこ》の命により出家。翌年幽閉先の修善寺《しゅぜんじ》で暗殺された。

頼家に代わって三代将軍についたのは、頼朝の次男実朝《さねとも》であった。しかし、北条氏が実権を握りつつあった状況の中、実朝が思うままに幕政を動かすことなどできるわけはなかった。建仁三年十月、実朝の外祖父にして乳母夫《めのと》でもある北条時政《ときまさ》が、幕府の政務・財政機関である政所《まんどころ》の別当《べっとう》(長官)となり、将軍の補佐を名目として幕府の実権を握ることとなる。以後、この時政の立場は「執権」と呼ばれ、北条氏の世襲となった。北条氏による執権政治の成立である。

間もなくして、その時政も娘婿の平賀朝雅《ひらがともまさ》を将軍につけようと画策して失脚し、義時《よしとき》が跡を継ぐと、執権の権力は急速に増していく。建保《けんぽう》元年(一二一三)には、反乱を起こして滅亡した和田義盛《わだよしもり》に代わって義時が御家人の統括を担う侍所《さむらいどころ》別当を兼ね、執権が幕府の最重要機関である政所と侍所に君臨することとなった。さらに建保七年(一二一九)一月、実朝が頼家の遺児公暁《くぎょう》に殺され、京から九条道家《くじょうみちいえ》の子頼経《よりつね》が将軍候補として鎌倉に招かれると、幕府権力はさらに義時に集中することとなった。以後、北条家の嫡流を義時の法名である「得宗《とくそう》」と呼ぶようになるのも、北条執権体制を盤石にした義時の政治力と無関係ではなかった。

執権政治の転機となったのは、義時の子泰時《やすとき》の時代だ。貞応《じょうおう》三年(一二二四)に北条義時が、翌年に大江広元《おおえのひろもと》、北条政子ら幕府の重鎮が相次いでこの世を去った。御家人結集の核ともいうべき政子の死は、幕府の統制に深刻な影響を及ぼすことが予想され、義時に代わって執権となった泰時には、新たな政治体制の構築が必要となった。

泰時がめざしたのは、御家人が共同で幕政を運営する組織づくりだった。執権を補佐する連署《れんしょ》の設置もその一環である。連署は副執権ともいうべき存在で、執権と連名で文書に署名するためにこのように呼ばれた。さらに、十数人の御家人からなる評定《ひょうじょう》衆《しゅう》が設置され、執権・連署と評定衆による合議が幕政の中心となる。武家社会の基本法典である「御成敗式目《ごせいばいしきもく》」が制定されるのも泰時の時代である。

執権政治というと北条氏の独裁というイメージが強いが、評定衆の設置に見られるように、泰時の改革は幕府草創期の将軍独裁を排除し、御家人中心の政治をめざしたものだったと評価できるだろう。ただし、口達者で学才のある御家人ならいざ知らず、武骨な坂東《ばんどう》武士には高度な政治論議は難しかったらしい。評定衆の選出にあたっては、有力御家人の結城朝光《ゆうきともみつ》もその一人に選ばれたが、「短慮で是非を判断できず発言できない」という理由により就任を辞退している。朝光自身の控えめな性格もさることながら、泰時たちに任せておけばよいという安心感もあったのではないだろうか。泰時の時代は執権政治の全盛期であると同時に、幕政がもっとも安定した時期だった。

しかし五代執権時頼《ときより》以後、北条氏の嫡流である得宗に権限が集中し始め、執権職は有名無実のものになっていく。幕政の重要事項は得宗家の私邸で決められることが多くなり、御家人による合議制も形骸化していった。時宗の子貞時《さだとき》の時代には、将軍権力の象徴であった御家人の所領安堵《あんど》の権限まで、北条氏に握られることとなり、北条得宗家とその家人《けにん》(御内人《みうちびと》)による得宗専制政治が確立する。北条氏の独裁はやがて御家人の不満を呼び、幕府滅亡の遠因となっていくのである。

Q16

実朝暗殺の黒幕は北条義時だったのか？

「官打《かんうち》」という言葉がある。高い官職を与え続けることで相手が果報負けして不幸に見舞われるよう仕向ける呪術の一種である。源実朝《みなもとのさねとも》が公暁《くぎょう》に暗殺されたのは、後鳥《ごと》羽《ば》上皇が実朝に高い官位を与え、官打したためであると『承久《じょうきゅう》記《き》』は述べている。

実朝が高位高官を望んだことは確かだ。そのことを大江広元《おおえのひろもと》に諫められた時、実朝は次のように答えたという。「源氏の正統は私限りだ。子孫が後を継ぐこともないだろう。だからせめて飽きるまで官職を身につけ、源氏の家名をあげようと思うのだ」

その願望どおり、実朝は驚異的なスピードで出世を遂げ、建保《けんぽう》六年（一二一八）一月に権大納言《ごんだいなごん》、三月に左大将《さだいしょう》を兼官、十月に内大臣《ないだいじん》、十二月に右《う》大臣にのぼった。そして翌年一月、右大臣拝賀の儀式のさ中、鶴岡《つるがおか》八幡宮の境内において、兄頼家《よりいえ》の遺児公暁に殺害されて二十八歳の生涯を閉じるのである。このとき公暁は「親の敵はかく討つぞ」と叫んで実朝を討ち、前駆《ぜんく》の源仲章《なかあきら》を殺害して逃走した。その後、三浦義村《よしむら》に使者を送り将軍になる意向を伝えたが、義村は北条義時《ほうじょうよしとき》と相談し公暁を殺害した。

この事件は、公暁の単独犯ではなかったとする説が有力である。黒幕の筆頭候補として、しばしばあげられるのが北条義時だ。当日、義時は太刀を捧持して実朝に供奉《ぐぶ》する予定だったが、式の直前に腹痛を訴えて剣を仲章に託し自邸に引き取った。

暗殺直前の腹痛は、あまりにタイミングが良すぎるというわけだが、この説には弱点がある。それは公暁が仲章を殺害している点だ。前駆が入れ替わったのは儀式直前であり、公暁はそのことを知らなかったはずだ。公暁が仲章を殺したのは義時と間違えたためであり、暗殺のターゲットには当初から義時も含まれていた可能性が高い。

そう考えると、もっとも怪しいのは三浦義村ということになろう。そこで次のような推論が成り立つ。義村は公暁を利用して実朝と義時を同時に殺し、公暁を将軍に、自らは執権に就任するつもりだった。しかし直前に義時を討ちもらしたため、急遽《きゅうきょ》方策を変えて公暁を討ち、身の安全を図ったというわけだ。真相は不明だが、ここに源氏の正統は絶え、北条氏ら有力御家人の力がさらに高まる結果となった。

Q17 承久の乱で御家人を鼓舞した北条政子の演説はホント？

承久《じょうきゅう》の乱は、後鳥羽《ごとば》上皇が鎌倉幕府の打倒を企て、畿内・西国の武士を動員して挙兵した事件である。乱の結果、京方は破竹の勢いで上洛した幕府軍に惨敗し、後鳥羽・順徳《じゅんとく》・土御門《つちみかど》の三上皇が配流され、朝廷に対する幕府の相対的優位が確立した。

なぜ後鳥羽は無謀な討幕計画を思い立ったのであろうか。直接のきっかけは、上皇が寵愛する白拍子《しらびょうし》亀菊《かめぎく》の荘園の地頭《じとう》を更迭するよう幕府に要請したところ、北条義時《ほうじょうよしとき》に拒絶されたためであったといわれる。

『承久記《じょうきゅうき》』によると、後鳥羽は短気で、意向に背く者をむやみに罰したという。こうした性格だから、後鳥羽を諫める忠臣もほとんどいなかったのだろう。いたとしても、後鳥羽は聞く耳をもたなかったに違いない。事実「自分も鎌倉にいれば義時方についた」と直言する豪胆な武士もいたが、後鳥羽は不快感を示すだけで取り合わなかったといわれる。こうして、承久三年(一二二一)五月、諸国に向けて北条義時追討の宣旨《せんじ》が発せられ、上皇の挙兵という未曾有の事件が勃発したのである。

鎌倉では急を聞いた御家人たちが北条政子《まさこ》の邸宅に集まり、今後の対策が話し合われた。この時、動揺する御家人《ごけにん》たちに向かって政子が述べたのが次のセリフである。

「皆、心を一つにして聞いてください。これが最後の言葉です。故右大将《うだいしょう》(頼朝《よりとも》)が鎌倉を草創してこの方、官位といい俸禄といい、その恩はすでに山よりも高く、海よりも深い。しかし今、逆臣たちの讒言《ざんげん》によって不当な綸旨《りんじ》が下されました。名を惜しむ人々は早く逆臣を討ち取り、三代の将軍の遺跡をお守りください」

これを聞いた諸将は感動して、身命を惜しまず御恩《ごおん》に報いようと決心したと『吾妻《あずま》鏡《かがみ》』は記している。

そもそも、後鳥羽の追討宣旨は義時をターゲットとして発せられたものであった。政子の演説のすぐれているところは、弟義時の危機を頼朝の御恩にすり替えて、彼らの忠誠心を呼びさましたことであろう。御家人たちは、かつて朝廷から搾取され続けた日々を思い出し、団結して京方を打ち破る決意を固めたのである。

Q18

源家将軍滅亡後、なぜ摂関家と天皇家から将軍を迎えたのか？

源実朝《みなもとのさねとも》が暗殺された後、幕府の首長たる征夷大将軍は、後の二代が摂関《せっかん》家から、四代が天皇家から迎えられた。一般に前者を摂家《せっけ》将軍、後者を宮《みや》将軍と呼ぶ。

実朝暗殺後、幕府が将軍に迎えようとしたのは後鳥羽《ごとば》上皇の皇子《みこ》だった。しかし上皇は、皇子が東国に下れば「日本国を二つに分けることになる」といって幕府の要求を退けた。皇族将軍が京の天皇にとって代わる存在になることを恐れたのである。

次に白羽の矢があたったのが、左大臣九条道家《くじょうみちいえ》の子三寅《みとら》(九条頼経《よりつね》)だった。三寅は二歳の幼児であったが、曾祖母が頼朝《よりとも》の妹(一条能保《いちじょうよしやす》の妻)で頼朝の遠縁にあたる。しかし、その頼経も長ずるに及んで政権掌握に意欲を示すようになったため将軍職を廃され、後を継いだ息子の頼嗣《よりつぐ》も幕府への謀反《むほん》に関与したとして京に追放された。

そこで六代将軍として招かれたのが、幕府に好意的な後嵯峨《ごさが》上皇の第一皇子宗尊《むねたか》親王だった。以後、幕府滅亡まで親王が将軍を勤め、源氏が将軍になることはなかった。

なぜ幕府は頼朝の縁者ではなく、摂関家・天皇家から将軍を迎えたのだろうか。実朝の暗殺により源氏が断絶したからと思う方もあるかもしれないが、実は親王の招聘《しょうへい》は実朝暗殺前から計画されていた。その時点で、頼朝の血を引く人物は、頼朝と大進局《だいしんのつぼね》という女房の間に生まれた貞暁《じょうぎょう》、頼家《よりいえ》の遺児である公暁《くぎょう》と禅暁《ぜんぎょう》（実朝暗殺の直後に誅殺《ちゅうさつ》）がいた。頼朝の血筋にこだわるなら彼らも将軍候補になり得たはずだが、御家人《ごけにん》たちが望んだのは宮将軍の東下だった。

御家人たちが宮将軍を必要とした理由は不明だが、東国武士と姻戚関係のない皇族を迎えることで、幕府の内紛を未然に阻止しようと考えたのだろう。頼家の妻の実家である比企《ひき》氏の乱は、源氏将軍と御家人の姻戚関係から生まれた悲劇だった。実朝暗殺の直後には、頼朝の甥阿野時元《あのときもと》が反乱を起こしている。カリスマ性をもった源氏将軍が政権掌握をねらう御家人に利用されることを北条《ほうじょう》氏は警戒したのだろう。

摂家将軍・宮将軍の擁立は、結果的に征夷大将軍という官職の権威を引き上げることとなった。幕府の正当性を高める上でも、妥当な政治的判断だったといえよう。

Q19

執権・北条時頼は水戸黄門のように諸国を廻ったというのはホント？

諸国漫遊といえば水戸黄門の専売特許のように思われがちだが、鎌倉時代にも諸国をめぐり生活苦にあえぐ人々を助けた伝説をもつ人物がいる。鎌倉幕府五代執権《しっけん》北条《ほうじょう》時頼《ときより》である。

謡曲《ようきょく》には、諸国をめぐり歩く時頼が所領をだまし取られた人を助ける逸話がいくつかある。『太平記』は摂津《せっつ》国難波浦《なにわのうら》を訪れた時頼が、所領を押領《おうりょう》された尼のために領地を返し与えたという逸話を紹介し、「時頼は訪れたところで人々の善悪を尋ねて詳しく記し、善人には賞を与え、悪者には罰を加えた」と記している。また、南北朝時代成立の歴史書『増鏡《ますかがみ》』にも、時頼が出家した後、諸国をめぐり歩いて、道理があるのに訴訟に敗れた者を救済する逸話が載せられている。

時頼の廻国伝説については、江戸時代以来、さまざまに論議されてきた。『吾妻《あずま》鏡《かがみ》』にそうした話がないなどとして、廻国自体に否定的な意見が多いが、完全に否定する根拠がないのも事実であり、真相は不明としかいいようがない。ただし、時頼が下級御家人《ごけにん》や庶民の生活にも心を配っていたことは、彼の諸政策からもうかがえる。

時頼は京から宗尊《むねたか》親王を招いて傀儡《かいらい》将軍とし、宝治《ほうじ》合戦で三浦氏を滅ぼして得宗《とくそう》権力の確立を図るなど、その政治手法には強権的なイメージが強い。ある意味、江戸時代の儒学者に人気がないのもやむを得ないが、その反面、彼の政策には仁政といえるものも少なくないのだ。半年だった京都大番役《おおばんやく》を三か月に短縮し、評定衆《ひょうじょうしゅう》の下部組織である「引付《ひきつけ》」を設置して訴訟の迅速化・公平化を図り御家人の負担軽減に努めた。また、御家人や鎌倉の住人に贅沢を禁じる法令をたびたび出し、自らも質素倹約を旨とした。さらに、諸国の地頭《じとう》に農民の田畑を奪うことを禁じるなど、庶民の生活にも心を配っている。人々の所領を救済したという物語の逸話も、あながち根拠のないものではなかったのである。こうした諸政策を遂行できたのも、北条氏に権力が集中していたからであり、一見、強権的に見える彼の政治手法も、為政者としての自覚の表れと評価できるのかもしれない。

Q20

鎌倉大仏は、もともと銅造ではなく木造だった!?

古い寺院や史跡が点在し、今なお古都の趣を残す鎌倉。そのなかでも、とくに観光客に人気が高いスポットが鎌倉大仏だ。台座を合わせて一三メートルにおよぶ青銅製の阿弥陀《あみだ》像で、慶《けい》派と宋の仏師の影響を受けた鎌倉中期を代表する仏像である。鎌倉市長谷《はせ》の高徳院《こうとくいん》にあることから「長谷の大仏」とも呼ばれている。もとは全身に金箔が押されており、立派な大仏殿に覆われていたという。大仏殿は室町時代後期の大地震によって倒壊し、以後再建されることはなかった。

国家事業として進められた奈良の大仏が、豊富な文献から造営の目的、焼失・再建の過程などがよく分かるのに対して、鎌倉の大仏は有名なわりに意外と謎が多い。

『吾妻鏡《あずまかがみ》』によると寛元《かんげん》元年(一二四三)、浄光《じょうこう》という聖《ひじり》が人々に勧めて、初めて木造の阿弥陀像と大仏殿を完成したという。その前年に鎌倉を訪れた『東関紀行《とうかんきこう》』の作者も、完成間近の大仏を仰ぎみて「眉間の白毫《びゃくごう》が満月の光に照らされて輝いていた」と感想を記している。もっとも、この大仏は木造であり現在の大仏とは別物である。『吾妻鏡』によると、その十年後の建長《けんちょう》四年(一二五二)、ふたたび浄光によって金銅の大仏が作り始められたという。時に三代執権北条泰時《ほうじょうやすとき》の晩年であり、これこそが現在みられる鎌倉大仏にほかならないと考えられている。

最大の謎は、前の木造大仏との関係である。何らかの原因によって木造大仏が倒壊したために、新たに作り直されたと考えるのが自然だが、木造大仏は金銅の大仏を鋳造するための原型だったとの説もある。ちなみに大仏の胎内に入ると、像の内側に見える格子模様から、四十個以上もの鋳型を積み重ねて鋳造したことが見てとれる。

制作にあたっては奈良の大仏と同様に、貴賤の人々から募った浄財があてられたが、当時、人身売買の取り締まりを強化していた幕府は、各地の人買い商人から没収した銭を寄進したという。つまり、大仏の一部は人身売買の利潤によってつくられたということになる。厳しい生活を強いられた当時の人々の苦しみや悲しみが、大仏の体内に宿されているのである。

Q21
元の国書（蒙古牒状）ってそんなに無礼な内容だったの？

鎌倉時代の最大事件といえば、二度にわたるモンゴルの日本侵攻、いわゆる元寇《げんこう》をおいてほかにない。十三世紀初頭、チンギス・ハンによって建てられたモンゴル帝国は、精強な騎馬軍団を率いて西はヨーロッパ、東は中国北部まで版図《はんと》を広げた。やがてチンギスの孫フビライは朝鮮半島の高麗《こうらい》を属国とし、文永《ぶんえい》四年（一二六七）に都を北京（大都《だいと》）に定めた（国号を元とするのは四年後）。次なる標的となったのが日本だった。

はじめフビライは、当面の敵である南宋を攻略するため、日本と結ぼうと考えていた。文永五年、元の国書が鎌倉に送られたが、執権北条時宗《しっけんほうじょうときむね》をはじめとする幕府首脳は内容が無礼であるとして返書を出さなかった。元の要求を無視したわけである。

元の国書は、それほどまでに高飛車な内容だったのだろうか。概要は次のとおりであった。「日本は高麗とも親しく中国にも通じていたが、私が即位してからは一度も使節が来ていないので、こちらから使者を派遣した。今後は親睦を図りたい……」

一見、友好的な文言であるが最後の一節が問題だった。「……通交を拒むのは道理に合わない。兵を用いるのは誰も望まないだろう。日本国王はそれをよく考えなさい」。いうことをきかないなら軍勢を差し向けるという「脅し」ととれなくもない。

フビライは服属せよといっているわけではない。また、文書の末尾に記された「不宣《ふせん》」という文言には、相手を臣下として扱わない意味が込められているという。もっとも、たとえ形式はそうでも内容はあくまで「上から目線」であり、日本の為政者たちには、かえって慇懃《いんぎん》無礼に感じられたのだろう。

その後も元の使者はたびたび来日したが、幕府は無視し続けた。日本の頑《かたく》な態度に怒ったフビライは、ついに日本遠征を開始した。文永の役は元の退却で幕を閉じたものの、この戦いに幕府は一層態度を硬化させた。杜世忠《とせいちゅう》ら元の使者を龍ノ口《たつのくち》(藤沢市)で斬首して徹底抗戦の構えを見せ、やがて弘安《こうあん》の役が勃発するのである。

杜世忠は祖国に残した妻子を思う辞世の詩を残し、刑場の露と消えた。享年三十四。龍ノ口に近い常立寺《じょうりゅうじ》の境内には杜世忠ら元使の供養塔があり、今も香華が絶えない。

Q22
鎌倉に点在する横穴墓は、なぜ「やぐら」と呼ばれるのか？

鎌倉の山中や切通しを歩いていると、岩をえぐって作った横穴に供養塔や石仏が据えられているのを無数に見ることができる。これは十三世紀後半から十五世紀にかけて作られた「やぐら」と呼ばれる墓所で、鎌倉に二千以上あるといわれている。

大きさは一辺五メートルのものから一メートル未満のものまでさまざまである。単独で存在する場合は少なく、多くは数穴から数十穴におよぶ群を形成している。場所は寺院の奥の崖裾や山の中などで、埋葬者の中心は武士や僧侶だったといわれている。

「やぐら」というと、歴史ファンなどは城郭などに付属する櫓を想像してしまうが、横穴の墓所がなぜやぐらと呼ばれるのだろうか。岩倉《いわくら》あるいは谷戸倉《やとくら》（谷戸は丘陵地にある谷状の地形で谷津《やつ》ともいう）がなまってやぐらになったとする説があるが定かではない。いつ頃からそう呼ばれるようになったのかも分からないが、江戸時代初期の鎌倉の地誌に「窟」と書いてヤグラと振り仮名がつけられており、遅くとも近世までには、その呼び名が定着していたようだ。

やぐらのような埋葬施設は鎌倉特有のものではない。宮城県の瑞巌寺《ずいがんじ》周辺に多数残されているほか、三浦半島や房総半島、北陸や九州でも確認されている。しかし、鎌倉のやぐらの多さは群を抜いており、これは寺院の数と無関係ではないと考えられている。鎌倉周辺には二百以上ある谷戸に、それとほぼ同数の寺院が建てられていた。武士の都鎌倉は、政治・軍事都市であると同時に宗教都市でもあったといえよう。そしてやぐらも、これらの寺院と密接なかかわりをもっていたといわれる。

現在、寺院の境内の奥などにあるやぐらの前面には平場がつくられていることが多い。一方、山中にあるやぐらも中心的な墓穴の前面は平地になっており、一見、山の中にあるように見えるやぐらも、かつて存在した寺院の塔頭《たっちゅう》や子院《しいん》に隣接して作られていた可能性が高いのである。寺院にやぐらが作られていたとすれば、寺院の多さに比例してやぐらも多くなるのが道理であろう。鎌倉に点在する無数のやぐらは、鎌倉の宗教都市としての側面を色濃く映し出した歴史遺跡だったのである。

Q23

「鎌倉五山」はいつ誰が決めたものなのか？

鎌倉を歩いていると、数ある寺社のなかでも、とくに禅寺が多いことに気づく。このことは北条《ほうじょう》氏の宗教政策と無関係ではない。

北条氏は禅宗に厚く帰依《きえ》してこれを庇護し、鎌倉時代以後、武家社会の上層部に広まった。北条政子《まさこ》の帰依を受け寿福寺《じゅふくじ》を創建した栄西《えいさい》をはじめ、北条時頼《ときより》に招かれ建《けん》長寺《ちょうじ》開山となった蘭渓道隆《らんけいどうりゅう》、北条時宗《ときむね》によって宋から招聘《しょうへい》され円覚寺《えんがくじ》開山となった無《む》学祖元《がくそげん》など、多くの高僧が鎌倉とかかわりをもった。

「五山の制」とは、南宋が禅宗の保護・統制のために設けた制度で、格式の高い五つの寺院を定めたものである。日本では鎌倉時代末期、北条貞時《さだとき》によって導入されたのが始まりといわれる。もっとも、鎌倉時代の五山は建長寺や寿福寺が含まれていたことが知られるものの、全貌は明らかではない。しかし、幕府の保護政策によって、鎌倉の禅寺の格式が全国的にも抜きんでたものになったことは確かだろう。

鎌倉幕府の滅亡と南北朝の動乱が、五山の序列にも大きな影響を及ぼすことになる。まず、幕府を倒し建武《けんむ》政権を発足させた後醍醐《ごだいご》天皇が京都中心の序列に改め、南禅《なんぜん》寺、東福《とうふく》寺、建仁《けんにん》寺、建長寺、円覚寺の順に定めたのである。上位三つが京都の寺院、残りの二つが鎌倉のものである。

やがて足利尊氏《あしかがたかうじ》が幕府を樹立すると弟の直義《ただよし》によって、建長寺・南禅寺が第一、円覚寺・天龍《てんりゅう》寺が第二、寿福寺が第三、建仁寺が第四、東福寺が第五、浄智《じょうち》寺がこれに準じるものとして定められ、後醍醐の影響は薄められた。五山の下に諸国の十か寺を選んで十刹とし「五山・十刹の制」が確立したのもこの頃である。

このように、鎌倉末期から南北朝・室町初期までは、該当する寺院もその序列もまちまちであったが、それを現在の形に定めたのが三代将軍義満《よしみつ》だった。自身が建てた相国《しょうこく》寺を入れるため、南禅寺を五山の上として天龍寺・相国寺・建仁寺・東福寺・万《まん》寿《じゅ》寺を京都五山、建長寺・円覚寺・寿福寺・浄智寺・浄妙《じょうみょう》寺を鎌倉五山に定め、今に至っている。

Q24

北条高時は闘犬が趣味の無能者だったのか?

北条高時《ほうじょうたかとき》といえば、最後の得宗《とくそう》として鎌倉幕府を滅亡に導いた無能な政治家というレッテルを貼られている。高時の無能ぶりを克明に記しているのが、南北朝時代の動乱を描いた軍記物語『太平記』である。同書によると、高時は日夜田楽《でんがく》(鎌倉から室町期にかけて流行した舞と音楽による芸能)に熱中し、闘犬におぼれて鎌倉中に犬を充満させたという。

どのような権力者も、天道に背けばその地位を保つことはできないという儒教的な徳地主義が『太平記』のコンセプトである。北条氏の失政をことさら強調しようとする意図は明白であり、多少割り引いて考える必要はあるだろう。しかし、高時から執《しっ》権《けん》職を継いだ金沢貞顕《かねさわさだあき》の書状にも、「田楽のほか何も顧みない」「連日、酒ばかり飲んで何の沙汰もない」とあり、高時が政治に関心を示さず遊んでばかりいたことは事実のようだ。

田楽や闘犬を楽しむくらいのことは、権力者の間で珍しいことではない。高時に罪があるとすれば、幕府危急の時にあたり、得宗でありながら積極的に政治に関わろうとしなかったことにある。事実、高時の執権時代には、後醍醐《ごだいご》天皇による最初の倒幕事件となった正中《しょうちゅう》の変、津軽における安藤氏の内紛などの大事件が起きているが、いずれも抜本的な解決には至らず、幕府の弱体化を露呈している。長崎高資《たかすけ》ら得宗家の家人《けにん》に政治の実権をゆだねていたことも、幕府と御家人との溝を深めた。悪政を敷いて人々を苦しめたというよりも、何もしなかったというほうが事実に近い。

高時が政治に興味を示さなかったのはなぜだろうか。南北朝時代に成立した『保暦《ほうりゃく》間記《かんき》』は、高時を「すこぶる亡気《ぼうき》の体《てい》」(うつろで生気のない様子)と伝えている。また金沢貞顕の書状によると、高時は病がちで寝たり起きたりを繰り返し、体調がよくなると田楽や水墨画を楽しみ、夢窓疎石《むそうそせき》ら禅僧と語らったという。これらの事実から浮かび上がってくるのは、病弱で物静かな文人としての高時像である。こうした、内向的な資質が政治への無関心を生み、幕府の滅亡を早めることになったのだろう。

Q25

新田義貞による海側の稲村ヶ崎からの鎌倉突入はホントにできたのか？

元徳《げんとく》三年（一三三一）、京で後醍醐《ごだいご》天皇の討幕計画が露見した。後醍醐は山城《やましろ》の笠置《かさぎ》山《やま》に逃れたが、楠木正成《くすのきまさしげ》の奮戦も空しく天皇方は敗れて後醍醐は隠岐《おき》に流された。しかし、間もなく後醍醐の皇子護良《もりよし》親王の檄文が諸国に発せられ、正成、護良、赤松円心《あかまつえんしん》らが次々と挙兵。さらに、天皇が隠岐を脱出すると討幕勢力は勢いづき、幕府方として出陣していた足方高氏《あしかがたかうじ》（尊氏）までが離反して六波羅探題《ろくはらたんだい》に攻め込んだ。

新田義貞《にったよしさだ》が上野《こうずけ》で挙兵したのは、六波羅が陥落した直後の元弘《げんこう》三年（一三三三）五月八日のことだった。新田氏は足利氏と同じく、源義家《みなもとのよしいえ》の子義国《よしくに》から出た源氏の名門である。打倒北条《ほうじょう》氏を決意した義貞は、小手指原《こてさしがはら》（埼玉県所沢市）、分倍河原《ぶばいがわら》（東京都府中市）の戦いで幕府軍を破り、破竹の勢いで鎌倉をめざした。一方、幕府は朝比奈《あさひな》や巨福呂坂《こぶくろざか》など武蔵《むさし》に通じる切通しに兵を派遣し防衛体制を敷いた。

義貞は主力を率いて鎌倉の正面の極楽寺《ごくらくじ》坂の切通しに向かった。やがて激戦を制し稲村《いなむら》ケ崎《がさき》に出ると、幕府軍が陸には木戸《きど》を構えて垣楯《かいだて》を並べ、海には兵船を浮かべて矢先を新田軍に向けていた。『太平記』によると、この時義貞は兜を脱いで海上を拝み「臣が忠義に鑑みて、潮を万里の外に退け、道を三軍の陣に開かしめ給え」と祈念し黄金の太刀を海中に投じた。すると夜明け方、稲村ケ崎の海岸に干潟が出現し兵船が沖に流されたので、義貞軍は干潟を真一文字に駆け抜けて鎌倉に乱入したという。

義貞の勝利が天命であることを強調する物語の創作だろうが、根拠のない話だったのだろうか。実は義貞が鎌倉に入る少し前、上野《こうずけ》の武士大館宗氏《おおだちむねうじ》が干潟を利用して鎌倉に入り討ち死を遂げていた。当然義貞もこれを知っていただろう。そこで、軍兵を勇気づけるために、あらかじめ干潟になるのを見越して太刀を投げ入れるパフォーマンスを行ったとも考えられる。現代よりも気温が寒く、海の水位が低かった当時、干潮時には遠浅になりやすかったといわれる。

新田軍の乱入により幕府の命運は尽きた。鎌倉中が炎に包まれ、高時以下、北条一門は東勝寺《とうしょう》で自刃し、鎌倉幕府は百五十年におよぶ歴史に幕を閉じたのである。

Q26

建武の新政の功労者・護良親王が幽閉された土牢とは？

鎌倉市二階堂《にかいどう》にある鎌倉宮は、明治二年（一八六九）、明治天皇の命により創建された神社である。討幕の功労者の一人でありながら、足利尊氏《あしかがたかうじ》と対立して幽閉された後醍醐《ごだいご》天皇の皇子《みこ》護良《もりよし》親王を祭神とする。悲運にみまわれ、この地に崩じた親王の遺志を後世に伝えるために造営されたものである。

護良親王は後醍醐の挙兵当初、諸国の武士や寺社に討幕の令旨《りょうじ》を送り、自ら軍を率いて幕府と戦った。天皇が隠岐《おき》から帰京した後、征夷大将軍に任じられたが、やがて後醍醐天皇や足利尊氏と対立して将軍職を奪われた。護良は尊氏暗殺計画を練ったが果たせず、参内したところ後醍醐によって捕えられ鎌倉に送られた。

尊氏の弟直義《ただよし》の監視下に置かれた護良は、二階堂の薬師堂谷《やくしどうがやつ》の土の牢屋に閉じ込められたが、建武《けんむ》二年（一三三五）七月、直義の命により処刑された。

この月、信濃《しなの》で北条高時《ほうじょうたかとき》の遺児時行《ときゆき》による反乱(中先代《なかせんだい》の乱)が起こり、直義軍は敗れて西走を余儀なくされた。その際、北条方に奉じられることを恐れた直義が、斬首を命じたという。折しも、牢のなかで読経していた護良は、執行の武士の姿を見ると「私の命を奪うために来たのであろう」といって太刀を奪おうとした。武士は護良の身体を押さえつけて首をかこうとしたが、護良は刀の切っ先をしっかりと口にくわえたため刀の先が一寸ばかり折れた。武士は刀を投げ捨てると、脇差で二度刺して弱らせたうえで、頭髪をつかんで引き上げ、首を打ち落とした。明るいところで改めてその首を見てみると、刀の切っ先がいまだに口のなかに入ったままで、その目は生きた人間のようだったという。『太平記』が伝える護良の壮絶な最期である。

鎌倉宮には護良が幽閉されたという土牢が残されているが、実際に閉じ込められていたのは東光寺《とうこうじ》の塗籠《ぬりごめ》(厚い壁で囲われた部屋)だったともいわれている。幽閉中は藤原保藤《やすふじ》の娘で「南の御方《おんかた》」といわれた女性が身辺の世話をしていたというから、少なくとも座敷牢のような居住性のある場所だったのだろう。なお、鎌倉宮の東北にある理智光寺谷《りちこうじがやつ》には護良親王の墓もあり、悲運の皇子をしのぶ人々の献花が絶えない。

Q27

足利尊氏はなぜ鎌倉でなく京に拠点を変えたのか?

建武《けんむ》三年(一三三六)十一月、足利尊氏《あしかがたかうじ》は幕府の施政方針を示す「建武式目《けんむしきもく》」を制定した。ここには、「遠くは延喜天暦《えんぎてんりゃく》両聖の徳化を訪《とぶら》ひ、近くは義時《よしとき》・泰時《やすとき》父子の行状を以《もっ》て近代の師となす」とあり、理想とすべき過去の政治が具体的に示されている。延喜・天暦というのは王朝政治の最盛期といわれた醍醐《だいご》・村上《むらかみ》天皇の時代、後者は執《しっ》権《けん》政治の最盛期であった北条《ほうじょう》義時・泰時の時代である。

北条氏を倒して幕府を樹立した尊氏であったが、彼らにとって鎌倉幕府は否定される存在ではなかった。彼らが否定したのは、あくまで北条得宗《とくそう》家による独裁政治であり、室町幕府は鎌倉幕府を受け継ぐ正統な武家政権として認識されていたのである。

では、なぜ尊氏は鎌倉を拠点とせず、京に幕府を開いたのだろうか。このことは「建武式目」においても重要なテーマとして取り上げられており、第一項に「鎌倉元のごとく柳営《りゅうえい》（幕府の所在地）たるべきか、他所《たしょ》たるべきや否や」として幕府の公式見解が示されている。「鎌倉は源頼朝《みなもとのよりとも》が幕府を開き、北条義時が天下をおさめた吉土（縁起の良い土地）である。北条氏が滅びたのは、かの一族がおごりを極め、悪政を重ねたからであり、場所が凶だからではない。ただし鎌倉を離れたいという人が多ければ、それに従うべきである」

吉土である鎌倉に幕府を置くのが妥当だが、人々が望むのなら他所でもよいという柔軟な姿勢を打ち出しているが、尊氏の深意は別のところにあったはずだ。おそらく尊氏は、いま幕府を鎌倉におけば京都がどうなるかを考えたに違いない。すでに後醍《ごだい》醐は吉野《よしの》に逃れ、幕府が擁立した光明《こうみょう》天皇が即位していたが、後醍醐を奉じる武士や公家は多かった。後醍醐天皇が京に復帰すれば、ふたたび朝廷の独走を許すことになりかねない。それをはばむには京に幕府を置いて朝廷（北朝）を統制下に置きつつ、吉野の南朝を牽制し続けなければならなかった。

かくして国政の舞台はふたたび京に移り、鎌倉が日本の頂点に君臨した時代は終わりを告げたのである。

Q28

なぜ足利直義は鎌倉で尊氏に対抗したのか？

足利尊氏《あしかがたかうじ》の帰依《きえ》を受けた禅僧・夢窓疎石《むそうそせき》によると、尊氏は仁徳を備え豪胆で慈悲深く、弟直義《ただよし》は清廉潔白で実直であったという。当時、八月一日に品物を送る八朔《はっさく》という風習があった。尊氏のもとにも山のような贈り物が届いたが、彼はそれを惜しげもなく人に与え、夕方には何もなくなった。一方、直義は八朔そのものを嫌い、はなから贈り物を受け取らなかったという。同母の兄弟ながら対照的な二人だった。

室町幕府初期の政治が、尊氏と直義の二頭政治で進められたことはよく知られている。役割分担は、今川了俊《りょうしゅん》の『難太平記《なんたいへいき》』に「尊氏は弓矢、直義は政道」とあるように、尊氏が軍事や御家人《ごけにん》の統率を、直義が行政全般を統括したといわれている。しかし、「両雄並び立たず」という言葉どおり、やがて二人は対立を深め、観応《かんのう》二年（一三五一）、尊氏の執事《しつじ》高師直《こうのもろなお》が直義派に殺されると対立は決定的となる。直義は尊氏に対抗するために北陸を経て鎌倉に下った。

なぜ、直義は鎌倉に下ったのだろうか。鎌倉は、かつて直義が派遣されて執権《しっけん》として関東十か国を統治した、彼の地盤の一つだった。建武《けんむ》政権が発足した頃、後醍醐《ごだいご》天皇の側近の陸奥守北畠顕家《むつのかみきたばたけあきいえ》が後醍醐の皇子義良《みこのりよし》親王を奉じて奥州に赴任し、建武政権の東北支配を担っていた。これに対抗するため、尊氏は後醍醐に願い、直義が後醍醐の皇子成良《なりよし》親王を奉じて鎌倉へ下る許可を得た。これが、後に室町幕府の関東支配の拠点となる鎌倉府の原型となる。以後、中先代《なかせんだい》の乱により一時、北条《ほうじょう》方に鎌倉を奪われるまでの約一年半、直義は鎌倉を地盤として勢力を扶植していたのだった。

それだけに、直義の鎌倉下向に尊氏は危機感を募らせた。鎌倉が東国経営に欠かせない要地であることは鎌倉時代と変わりはない。ここを直義におさえられれば、幕府の全国支配は瓦解する。あせった尊氏は急遽《きゅうきょ》、南朝と和睦し東国に下った。

尊氏は各地で直義軍を破りながら軍を進め、観応三年一月に鎌倉に入った。直義は間もなく降伏し、高師直の一周忌にあたる二月二十六日に死んだ。尊氏に毒を盛られたとの説が有力だが、高一族によって殺されたとの説もあり、真相は不明である。

Q29 室町時代の鎌倉府ってどんな組織だったの？

鎌倉府は室町幕府の東国支配の拠点で、建武《けんむ》の新政が行われていた元弘《げんこう》三年（一三三三）、足利直義《あしかがただよし》が成良親王《なりよし》（後醍醐《ごだいご》の皇子《みこ》）を奉じて下ったのが始まりといわれる。

二年後、中先代《なかせんだい》の乱に敗れた直義が西上し、やがて鎌倉に下向して乱を鎮圧した尊《たか》氏《うじ》もふたたび上洛すると、尊氏の嫡子義詮《よしあきら》が鎌倉公方《くぼう》となり、直義と親しい斯波家長《しばいえなが》、石塔義房《いしどうよしふさ》、上杉憲顕《のりあき》（尊氏・直義の従兄弟）らが代々関東執事《しつじ》を勤めて若い義詮を補佐した。しかし、京で直義と高師直《こうのもろなお》の対立が深まると、鎌倉では直義方の上杉憲顕と、同じく関東執事を勤めた高一族の師冬《もろふゆ》の対立が激化し、関東経営は不安定になっていった。

正平《しょうへい》四年（一三四九）、高師直のクーデターにより直義が失脚すると、義詮が京に呼ばれ、代わりに尊氏の四男基氏《もとうじ》が鎌倉公方として下向し、関東執事上杉憲顕は関東管《かん》領《れい》と呼ばれるようになる。憲顕は直義の暗殺後、一時鎌倉から追放されるが、尊氏の没後、二代将軍となった義詮と鎌倉公方基氏の計らいで復権し、足利基氏の子孫が鎌倉公方、上杉氏が関東管領を勤める鎌倉府の体制が確立する。

ことあるごとに京の幕府と敵対した鎌倉府であったが、どれほどの力を持っていたのだろうか。幕府同様、政所《まんどころ》、評定衆《ひょうじょうしゅう》、問注所《もんちゅうじょ》、侍所《さむらいどころ》などが設置され、関東八か国と伊豆《いず》・甲斐《かい》を直轄下に置いた。鎌倉公方は武士の所領にかかわる訴訟や軍事動員、寺社の住職の任免権などを掌握しており、地方の一行政機関の規模を超える、関東の小幕府といえるほどの権限と機能をもっていた。公方や管領、守護の任命権は幕府が握っていたが、それも時とともに鎌倉府に移され、やがて幕府に敵対するようになる。

鎌倉府の政庁である鎌倉公方邸跡は、鎌倉市浄明寺《じょうみょうじ》にあったといわれている。頼朝《よりとも》時代の足利氏の棟梁義兼《よしかね》(父は足利氏の祖義康《よしやす》)の時代に建てられ、足利氏歴代の居館であったという。南北朝時代以後は鎌倉公方の居館となり、亨徳《きょうとく》四年(一四五五)、第五代鎌倉公方の足利成氏《しげうじ》が下総古河《しもうさこが》に本拠を移すまで利用された。今は鎌倉市浄明寺の住宅地に石碑を残すのみである。

Q30

鎌倉公方が京都の将軍と仲が悪かったのはなぜ？

室町幕府の関東支配の拠点である鎌倉府が、京の将軍家に敵愾心を燃やし続けたことはよく知られている。

初代鎌倉公方《くぼう》である基氏《もとうじ》の頃までは、兄義詮《よしあきら》が二代将軍を務めていたこともあり、それほど仲は悪くなかった。しかし基氏の子氏満《うじみつ》の代になると、早くも自立への意志を露わにする。管領《かんれい》細川頼之《よりゆき》が失脚した康暦《こうりゃく》の政変では、足利義満《よしみつ》への反逆を企てた氏満《うじみつ》が兵を率いて上洛しようとして、関東管領《かんれい》上杉憲春《のりはる》の諫死によってようやく思いとどまった。応永《おうえい》六年(一三九九)には、氏満の子満兼《みつかね》が大内義弘《よしひろ》の反乱(応永の乱)に呼応して鎌倉から西国に攻め上ろうとし、関東管領の上杉憲定《のりさだ》に阻止されている。

京の幕府から見ると鎌倉府はたんなる地方の一行政機関であり、将軍家にとって鎌倉公方は庶流に過ぎない。しかし幕府並みの機構を備え、関東十か国を管轄下に置く鎌倉府は、地方機関というにはあまりにも大きな力を持っていた。また足利氏の庶流であることが、宗家に対するライバル心を一層大きくした面もあったに違いない。

また、東国は伝統的に中央からの独立を志向する意識が強い地域だった。十世紀の平将門《たいらのまさかど》の乱では、関八州を支配下におさめた将門が「新皇《しんのう》」を名乗って、ごくわずかな期間ではあったが東国独立国家を樹立した。源頼朝《みなもとのよりとも》による鎌倉幕府の草創も、東国武士たちの独立精神がなければなしえなかった。「坂東《ばんどう》主義」ともいうべき自立性・自尊心が、京の幕府に対する敵対心を育んだと考えられる。

満兼の子持氏《もちうじ》の代になると、鎌倉公方の反幕姿勢は一層露骨になる。京で制定された元号を使用せず、幕府方の武士を滅ぼして敵対の姿勢を強めた。そのため、永享《えいきょう》十一年（一四三九）、六代将軍義教《よしのり》の追討を受け、持氏は鎌倉の永安寺《えいあんじ》（鎌倉市二階堂）で自害した（永享の乱）。その後十年間は公方の不在が続いたが、やがて持氏の遺児成氏《しげうじ》が鎌倉に迎えられて五代目を継ぎ鎌倉公方を再興。しかし、その成氏も関東管領の上杉憲忠《のりただ》を殺害して幕府の追討を受け、享徳《きょうとく》四年（一四五五）、鎌倉を捨て下総古河《しもうさこが》に逃れた。こうして百二十年におよぶ鎌倉公方の歴史は終わりを告げたのである。

もっと知りたい歴史こばなし ②

神奈川県に多い名字・珍姓は？

神奈川県で多い名字は、森岡ランキングによると、第1位鈴木、第2位佐藤、第3位高橋、第4位渡辺、第5位小林……となり、10位までを見ても、全国トップ10とは多少の順位に異同がある程度の違いしかない。

神奈川県らしい姓といえば、三浦半島をルーツとする「三浦」だろう。神奈川県ランキングでは48位で、全国ランキングの46位よりも下位ながら、宝治《ほうじ》合戦で敗れた有力鎌倉御家人三浦氏（たとえば、三浦義村《よしむら》や同泰村《やすむら》など)、戦国大名の三浦義同《よしあつ》（道寸《どうすん》）などが有名である。

独自姓といえるのは、「石綿」「石渡」で、「いしわた」「いしわたり」と読む。「石渡」姓はなぜか横須賀市に集中している。横浜にある「錨《いかり》」「海上《かいじょう》」「渡来《とらい》」姓などは、いかにも港を連想させる。他に「府川《ふかわ》」「二見《にのみ》」「奥津」などもある。珍姓は小田原に多い「一寸木」で、「ますき」「ちょっき」などと読む。九十九《つくも》や九九《くく》、三橋のような数字が付く姓も多い。この他に読み方がわかりにくいものには、「四十万《あいまん》」「田二見《たじみ》」「梅干野《ほやの》」「嵓井《いわい》」「嵓瀬《いわせ》」「熊取谷《ししゃ》」「六十里《ついひじ》」といったものがある。

第3章

神奈川県の戦国時代

北条早雲銅像（小田原駅西口ロータリー）

第3章 時代をよむ

小田原北条氏五代の興亡と秀吉の天下統一

神奈川県の戦国時代史を語るうえで、小田原北条《ほうじょう》氏(後北条《ごほうじょう》氏)を抜きにして語ることはできない。北条氏は日本を代表する戦国大名である。

北条氏初代の早雲《そううん》は駿河《するが》にたどりつき、文明《ぶんめい》八年(一四七六)の駿河守護今川義忠《よしただ》の家督相続の際にその子氏親《うじちか》を支持した。そして、長享《ちょうきょう》元年(一四八七)に氏親を今川家の家督とすることに成功している。この功が高く評価され、早雲は駿河国の富士下方《しもかた》十二郷を与えられ興国寺《こうこくじ》城主となった。

延徳《えんとく》三年(一四九一)、早雲は伊豆《いず》に攻め入り韮山《にらやま》城を本拠とした。明応《めいおう》四年(一四九五)には大森藤頼《おおもりふじより》の小田原城を攻略し、関東一円にその名を轟かせている。

戦国大名としての早雲は、検地や貫高《かんだか》制を実施するなど、当時の最先端を行く政策を実行した。まさに江戸時代を先取りするものばかりである。それゆえに、戦国大名の典型例として、もっともよく研究素材として取り上げられる。

早雲は永正《えいしょう》十六年(一五一九)に亡くなったが、後北条氏は以後も五代にわたって関東に支配を広げている。その支配領域は小田原を中心として、北は群馬県、栃木県あたりまで、東は千葉県まで広げた。後北条氏は各地に支配の拠点となる支城を設置し、一族などを支配に当たらせた。支城ネットワークの構築である。

しかし、関東だけでなく全国規模で見るならば、天正《てんしょう》十年(一五八二)の織田信長の死後、羽柴《はしば》(豊臣)秀吉が徐々に力をつけていた。その力は侮れないものになっていた。天下に覇を唱える秀吉は、後北条氏との対決に臨むことになる。

天正十八年(一五八九)、秀吉の度重なる停戦命令に従わなかった北条氏政《うじまさ》は、小田原城で対決し降伏に至った。秀吉の完全な勝利であった。氏政は秀吉から切腹を命じられ、五代にわたった後北条氏の歴史は幕を閉じたのである。

同年七月には小田原城は開城され、翌月には徳川家康《いえやす》が関東に入封《にゅうほう》し、江戸城を本拠と定めた。江戸時代の幕開けである。

Q31
太田道灌が「当方滅亡」と叫んで暗殺された「風呂」はどこにあった？

名将として知られる太田道灌《おおたどうかん》は、扇谷《おおぎがやつ》上杉氏の家宰《かさい》として活躍した人物である。江戸城（東京都）を築城したことでも知られているが、岩槻《いわつき》城や河越《かわごえ》城（いずれも埼玉県）の築城にも関わったという。いうなれば築城の天才であった。

十五世紀半ば以降、関東の戦乱は激しくなるが、道灌は主君である上杉定正《さだまさ》をずっと支えてきた。その間、道灌は駿河《するが》今川氏の家督紛争にも介入し、長尾景春《ながおかげはる》の反乱にも対応するなど、まさしく八面六臂《はちめんろっぴ》の大活躍をしている。

しかし、道灌が活躍すれば活躍するほど、怪しむ人々がいたのも事実である。『永《えい》享記《きょうき》』という書物によると、道灌が岩槻城や河越城を修繕するのを怪しみ、「謀反《むほん》の疑いあり」と定正に注進する者があったという。それほど道灌は恐れられた。

逆に、道灌自身も定正が自身を冷遇していることに対し、大きな不満を持っていたといわれている。両者の関係は、冷え切っていたのであろう。日ごろ、両者は平静を取り繕《つくろ》いつつも、心中は疑心暗鬼であったといえるかもしれない。

『太田資武状《すけたけじょう》』によると、文明《ぶんめい》十八年（一四八六）七月二十六日、定正は道灌を自邸に招き入浴を勧めている。そして、入浴を終えた道灌は、定正の重臣曽我兵庫《そがひょうご》によって斬殺された。このとき、道灌が最期の言葉として残したのが「当方滅亡《とうほう》」である。それは、「自分（道灌）がいなければ、扇谷上杉氏は滅亡するぞ」という意味である。

では、斬殺された風呂は、どこにあったのか。

その場所は、現在の神奈川県伊勢原《いせはら》市日向《ひなた》にあった糟屋館《かすややかた》である。糟屋館は上杉館とも呼ばれ、現在は市指定の重要文化財になっている。

ところで、道灌が斬殺された際、曽我兵庫は道灌が和歌に優れていたことを知っていたので上の句を詠み、道灌は応えて下の句を詠んだという逸話がある。

道灌を暗殺した定正は、明応《めいおう》三年（一四九四）の出陣中に落馬して亡くなったが、道灌の亡霊が落馬させたという伝承が残っている。

Q32
太田道灌は本当に豊かな教養を持っていたのか？

幼い頃の太田道灌《おおたどうかん》には、その教養をうかがわせる逸話が実に多いことで知られる。

父の資清《すけきよ》が聡明な道灌を心配し「知恵が過ぎると大偽に走り、知恵が足らねば災いを招く。例えると障子《しょうじ》は直立してこそ役に立ち、曲がっていると役に立たない」と訓戒した。すると道灌は屏風を持ち出し「屏風は直立しては倒れてしまい、曲っていてこそ役に立つ」と言い返したという（『太田家記』）。

また、資清が「驕《おご》れるものは久しからず」と書くと、道灌はこれを「驕らざるものも久しからず」と改作したと伝えている（『寛政重修諸家譜《かんせいちょうしゅうしょかふ》』）。幼い道灌は頭の回転が実に速く、恐るべき頭脳を持っていたのである。

ところで、道灌といえば、「山吹伝説《やまぶきでんせつ》」が有名である。

道灌が父を訪問した際、にわか雨に遭ったため農家で蓑《みの》を借りようとした。その時に対応した娘は傘でなく、一輪の山吹の花を差し出すだけであった。道灌は意味がわからず、蓑を借りようとしたのに非常に腹立たしく思ったという。

のちに、それは『後拾遺《ごしゅうい》和歌集』の「七重《ななえ》八重《やえ》花は咲けども 山吹の実の一つだになきぞ悲しき」の兼明《かねあきら》親王の歌に掛け、少女が山あいの茅葺《かやぶ》きの家で貧しく蓑(実の)一つないことを奥ゆかしく答えたのだと知った。道灌は自身の大変無知を恥じて、以後歌道に励んだという逸話が残っている。

実際のところ、道灌は歌人として著名な飛鳥井雅親《あすかいまさちか》や万里集九《ばんりしゅうく》と交流を深めており、あながち嘘とはいえないところである。また、連歌にも造詣が深かったと考えられ、連歌師心敬《しんけい》とはたびたび連歌会を催した。連歌では「品川千句《しながわせんく》」が、歌合《うたあわせ》では「武州《ぶしゅう》江戸《えど》二十四番歌合《にじゅうよんばんうたあわせ》」がそれぞれ有名である。

それゆえに、道灌には和歌にまつわる逸話が実に多い。ところで、道灌の手になる書物も数多く伝わっているが、そうした書物のなかには明らかな偽書もあるという。作者を道灌に託したのは、逆にその教養ぶりをうかがえるところである。

Q33

関東を支配した「関東管領」ってどんな役職？

室町幕府を開創した足利尊氏《あしかがたかうじ》は関東を重視し、鎌倉府を設置した。そして、関東管《かん》領《れい》に斯波家長《しばいえなが》を任命し、幼少であった鎌倉御所で尊氏の嫡男義詮《よしあきら》を補佐させたのが始まりである。一言でいうならば、関東管領は鎌倉公方《くぼう》の補佐役である。

以降、高師冬《こうのもろふゆ》、上杉憲顕《のりあき》らが関東管領に就任し、鎌倉公方を補佐して関東を統治していった。そして、貞治《じょうじ》二年（一三六三）には、上杉憲顕が関東管領に再び任命された。これ以後、上杉氏が関東管領を世襲したのである。

上杉氏は山内《やまのうち》、扇谷《おうぎがやつ》、犬懸《いぬがけ》、宅間《たくま》の四つの家に分かれていた。そして、それぞれが交代で関東管領に就任したのである。関東管領の職務は、鎌倉公方のもとでその命令を取り次ぐなどが主なもので、鎌倉公方が補任《ぶにん》されていなかったり幼少の場合は、鎌倉公方の代行的な役割を果たすこともあった。

上杉氏は鎌倉公方の職権を行使しえたことにより、その勢力が強大化するところとなった。永享《えいきょう》十年(一四三八)には、ついに鎌倉公方足利持氏《もちうじ》と武力衝突するまでに至っている。両者の力は拮抗していたのである。この事件が、永享の乱である。室町幕府の支援を受けた上杉氏は、持氏を敗死に追い込んだ。

持氏没後、子の成氏《しげうじ》が鎌倉府の家臣らの要請で鎌倉公方に就任した。しかし、成氏は上杉憲忠《のりただ》殺害事件を起こし、康正《こうしょう》元年(一四五五)に下総古河《しもうさこが》に追放された。以後、鎌倉公方に代わり、管領上杉氏が実質的に関東を支配した。

ところが、上杉氏も山内、扇谷両家の内訌《ないこう》により、勢力に陰りが見えてきたのも事実である。その間隙を突き、後北条《ごほうじょう》氏が関東に侵攻したため、上杉憲政《のりまさ》は越後《えちご》へと逃れた。そして、永禄《えいろく》四年(一五六一)、憲政は長尾景虎《かげとら》(のちの上杉謙信《けんしん》)を養子に迎え、上杉の姓と関東管領職を景虎に譲ったのである。

景虎は関東管領を継承したものの、すでに実権はなく有名無実化していた。景虎が亡くなったあとは継承者もなく、関東管領の名称は消滅したのである。

Q34

戦国大名・毛利氏の出身地は鎌倉だった⁉

現在の鎌倉市を出身とする戦国大名には、著名な者も存在する。安芸《あき》国の一国人《こくじん》領主から発展し、やがては中国地方に一大勢力を築き上げた毛利《もうり》氏は、その代表格といえるであろう。この毛利氏は、もともと鎌倉を出身地としていた。

毛利氏の祖先をたどると、鎌倉幕府政所別当《まんどころべっとう》を務めた大江広元《おおえのひろもと》に行き着くことになる。広元の出身である大江氏は、学問を職業とする名門の家柄であった。広元はのちに中原《なかはら》氏の養子となり、朝廷に仕える官僚として活躍したことが知られる。そして、広元は鎌倉幕府に仕えるために、京都から下向したのである。

広元の四男季光《すえみつ》は、相模《さがみ》国毛利荘《もうりのしょう》(厚木《あつぎ》市)を領するところとなった。当時、所領の荘園名を姓にすることは多く、その例に倣《なら》って季光は毛利姓を称したと考えられている。これが、毛利氏の始まりである。ちなみに中世の「毛利」の読み方は、「もうり」

ではなく「もり」が正しいと指摘されている。

しかし、宝治《ほうじ》元年（一二四七）に三浦泰村《やすむら》の乱（宝治合戦）が勃発すると、季光は三人の子息とともに戦死してしまった。しかし、四男経光《つねみつ》は生き残り、越後《えちご》国佐橋荘《さはしのしょう》（新潟県柏崎《かしわざき》市）に居住し、同時に安芸国吉田荘《よしだのしょう》（広島県安芸高田《あきたかた》市吉田町）を所領とした。経光の子孫は、越後と安芸に分かれて存続したのである。

そして、安芸毛利氏は戦乱のなかで急速に力をつけ、日本を代表する戦国大名となった。もう一方の越後毛利氏は、どうなったのであろうか。

越後毛利氏は、経光の嫡子基親《もとちか》をその祖とする。しかし、その系譜については、多くの説があり不明な点も多々ある。子孫である道幸《どうこう》は佐橋荘を相伝《そうでん》したが、これに加えて室町幕府から鵜川荘《うかわのしょう》安田《やすだ》条《じょう》（柏崎市）を与えられた。

その子孫は北条《きたじょう》姓、安田姓などを称したが、のちに毛利姓で呼ばれることもあり、両者は戦国期に至って上杉家臣となった。北条高広《たかひろ》は上杉謙信《けんしん》の重臣として知られ、厩橋《まやばし》城（群馬県前橋市）を居城にしたことで有名である。

Q35

北条早雲はホントに素浪人から戦国大名にのし上がったのか？

通説的に北条早雲《ほうじょうそううん》といえば、これまで一介の素浪人からのし上がり、その才覚と手腕によって一気に台頭したイメージが強い。

例えば、『北条記』という編纂物によると、早雲が駿河《するが》に下向する際に、「御由緒六家《ごゆいしょろっけ》」と称される大道寺太郎《だいどうじたろう》、荒木兵庫《あらきひょうご》、多目権兵衛《ためごんべえ》・山中才四郎《やまなかさいしろう》・荒川又次郎《あらかわまたじろう》・在竹兵衛《ありたけひょうえ》ら六人と伊勢で神水を酌み交わし、「この中で誰か一人が大名になったら、他の者は家臣になる」と誓い合った有名な逸話が記されている。

こうした逸話が、早雲の出自をより神秘化させているのであろうが、たしかな根拠はない。しかし、古くから謎の多い早雲の出自については、数多くの議論がなされてきた。その主要な三つの学説をあげると、次のようになる。

①伊勢《いせ》国の関《せき》氏一族を出自とする説。

②京都の伊勢氏を出自とする説。
③備中《びっちゅう》国の伊勢氏を出自とする説。

『北条五代記《ごだいき》』や『北条盛衰記《せいすいき》』などの編纂物によると、山城《やましろ》国宇治や大和国在原《ありわら》という地名も見えるが、いずれも住国について述べたものであり、出自とは何ら関係のない話である。したがって、両国は候補からはずした。

このうち①の説は、証拠となる書状の解釈が誤読であることが判明し、否定されるところとなった。②の説が補強され定説化されつつあったが、②と③の説の折衷案も提起されるようになった。まだ混乱が見られたのである。

しかし、近年に至って問題は解決した。早雲は室町幕府政所執事《まんどころしつじ》伊勢氏の一門であり、足利義政《あしかがよしまさ》の申次《もうしつぎ》(奏者《そうじゃ》)である伊勢盛定《もりさだ》の子・盛時《もりとき》と確定された。早雲が信頼できる史料に登場するのは、文明《ぶんめい》八年(一四七六)のことである。

この説が確定されることによって、早雲は一介の素浪人ではなく、たしかな出自の人物であることがわかったのである。

Q36

北条氏の家訓「早雲寺殿廿一箇条」とは早雲が作ったのか?

戦国時代に大名が家法《かほう》を制定し、配下の武将の統制や領民の支配にあたったことはよく知られるところである。同時に、戦国大名の家では家訓を作成し、子孫代々の範として書き残す例も多々見られた。家法としては、駿河《するが》今川氏の「今川仮名目録《かなもくろく》」や甲斐《かい》武田氏の「甲州法度次第《こうしゅうはっとのしだい》」があまりに有名である。「早雲寺殿廿一箇条《そううんじどのにじゅういっかじょう》」も家訓の一つである。

しかし、「早雲寺殿廿一箇条」は実に不思議な家訓でもある。まず、北条《ほうじょう》早雲が作成したと伝えられるが、はっきりとした証拠がない。成立の時期については、少なくとも江戸初期までさかのぼることができるが、それ以前に確認できないのである。

一般的に家訓とは、家長によって一族・子孫を対象として作成された訓戒という性格がある。しかし、「早雲寺殿廿一箇条」は、むしろ家臣への教訓・統制という内容である。加えて、分国法的な性格を合わせ持っているのである。「早雲寺殿廿一箇条」は、全部で二十一ヶ条から成っている。その主たるところを示すと、次のようになろう。

①神仏を崇敬すること。

②早寝、早起きをすること。

③火の用心をすること。

④文武両道の鍛錬を行うこと。

⑤奢侈《しゃし》を誡めること。

⑥読習・習字に努めること。

これらは、家臣の日常生活や奉公上の心得を平明、簡潔に記しており、実にわかりやすい。また、それぞれの条文は実用的な内容を含んでおり、ある意味でごく常識的なものでもある。早雲は自らの実力によって、戦国大名として成長した。したがって、実際の体験を踏まえた家訓を作成することができたのであろう。

Q37

北条氏は他の大名から「国泥棒」と悪口されたのはなぜ？

十五世紀末期、北条早雲《ほうじょうそううん》は小田原城の大森藤頼《おおもりふじより》を攻略すると、瞬く間にその勢力を急速に拡大させた。これには旧来から勢力を持った有力な大名たちも、力ではまったく敵わなかった。敗者は国を捨てて、みじめに去るだけである。

そういう意味で言い過ぎかもしれないが、早雲は「国泥棒」であった。こうした「国泥棒」早雲にまつわる有名な逸話が残っている。

ある時のことである。早雲のお膝もとの小田原城で馬泥棒が捕まった。そして、泥棒が裁判にかけられることになり、早雲も立ち会うことになった。しかし、この馬泥棒はなかなか肝っ玉の大きい男で、ことごとく反抗の意を示し、ふてぶてしい態度を取った。とりわけ、役人の尋問に対しては、次のように答えた。

「たしかになあ、俺は馬泥棒なんだよ。死刑になっても、いっさい文句は言わないさ。

だけどなあ、俺の目の前には、国泥棒(早雲)が何食わぬ顔をしているじゃないか。国泥棒に比較すれば、たかだか馬泥棒なんて、ずいぶん軽い罪だよ」

と、大大名である早雲を前にして平然と言ってのけたのである。

馬泥棒の無礼な答え方に、もしや早雲は怒り狂うのではないかと、周囲は一瞬血の気が引いた。そうなってもおかしくなかったのである。

しかし、当然怒り狂うと思われた早雲は、なぜか呵呵大笑《かかたいしょう》し、次のように述べたのである。

「お前の言うとおりだ！」

早雲はそのように一言だけ言うと、なんと罵詈雑言《ばりぞうごん》を吐いた馬泥棒を、そのまま釈放してしまったのである。これは、意外な結末であった。

この話を聞いた領民たちは、彼の度量の広さに感嘆し、ますます心服するようになったという。これは、早雲の気持ちの広さを示す逸話の一つであるが、一方で早雲がいかに「国泥棒」として恐れられたかをも伝えているのである。

Q38

敵と味方に年貢を二分して納める「半手」とは何か？

北条氏《ほうじょう》に関わる重要な史料のなかに、『北条氏所領役帳《しょりょうやくちょう》』（永禄《えいろく》二年＝一五五九成立）なるものがある。この史料は、北条氏の家臣の名前とその知行《ちぎょう》を貫高《かんだか》で記しており、この時点での北条氏の軍事編成がわかるものである。『北条氏所領役帳』の写本は、高野山高室院《たかむろ》などに残っており、研究でも活用されている。

ところで、不思議なことに『北条氏所領役帳』のなかには、ほかの部分とまったく記載方法が異なる箇所がある。その箇所とは、津久井《つくい》城主の内藤氏以下の津久井衆の部分である。実は、それには大変深い理由があった。

津久井城は、現在の相模原市緑区にあった城郭であった。同城は、甲斐《かい》国武田氏の最前線の基地的な城として重要視されたことで知られる。また、同城は「根小屋《ねごや》式」の城郭としても非常に有名である。

『北条氏所領役帳』の津久井衆の記載の多くは、十貫前後で村を単位として並べられていた。そして、小淵《おぶち》村の箇所には、

「敵知行、半所務」

と記されているのである。これはいったいどういうことなのか。

このことが意味するのは、武田氏が小淵村を知行し、年貢に関しては武田氏と北条氏が半分ずつ受け取るというものである。このように、一つの村が敵対する二つの勢力に半分ずつ年貢を納めることを「半手《はんて》」といった。

戦国期には、拮抗した境目の領域で、こうした知行形態が広く認められていたのである。ちなみに、北条氏はこの地における貫高を十分に把握できなかったらしい。境目の地域では、このような事態がありえたのである。逆に、村にとってはこうした手段をとることにより、両勢力に敵を作らないという理由があった。

西国では、安芸毛利《あきもうり》氏に同様の事例を認めることができる。毛利氏の史料では、「半納《はんのう》」と記されているが、意味は同じである。

Q39

鎌倉時代の北条氏と戦国大名の北条氏とは血縁はあるのか？

もとは、伊勢新九郎長氏《いせしんくろうながうじ》といわれた北条早雲《ほうじょうそううん》。なぜ、北条氏と姓としたのであろうか。また、鎌倉時代の北条氏と何か関係はあるのだろうか。

そもそも鎌倉時代の北条氏は、いかなる出自を持つのか考えてみよう。

鎌倉時代の北条氏は、桓武《かんむ》平氏の子孫であった。彼らは伊豆介《いずのすけ》として伊豆北条（静岡県田方郡《たがぐん》韮山町《にらやまちょう》）に土着し、やがて北条氏を称するようになった。北条時政《ときまさ》の娘政子《まさこ》は、当時流人《るにん》であった源頼朝《みなもとのよりとも》に嫁いだ。有名な話である。

そして、治承《じしょう》四年（一一八〇）に頼朝が挙兵すると時政はこれに従い、鎌倉幕府設立の功労者として重きをなした。以後、北条氏は鎌倉幕府の執権《しっけん》として、事実上鎌倉幕府の政務を担うようになり、幕府が滅亡するまで続いた。

十五世紀の終わり頃から、北条早雲が台頭したのは周知のとおりである。しかし、早雲自身は一度も自身を「北条」と称したことはなかった。初名は、伊勢新九郎長氏である。実際に北条姓を用いたのは、早雲の子息である氏綱《うじつな》からであった。なぜ、氏綱は北条姓を採用したのであろうか。

氏綱が北条姓にこだわった理由は、かつて鎌倉幕府を支配した代々の執権の姓でもあり、その権威は利用に値するものであった。また、氏綱の官途《かんと》（官職・官位）は左《さ》京大夫《きょうのだいぶ》、氏康《うじやす》の受領《ずりょう》官途（現地に赴任する官職・官位）である相模守《さがみのかみ》は、鎌倉北条氏歴代の官途と同じである。

以後、北条氏の歴代当主は左京大夫を官途とし、隠居後には相模守を名乗るのが通例となったのである。

したがって、鎌倉時代の北条氏と戦国時代の北条氏との血縁関係は、まったくないということができる。現在では、鎌倉時代の北条氏と戦国時代の北条氏との混同を避けるために、あえて戦国時代の北条氏を「後《ご》北条氏」と呼ぶこともある。

北条氏は京都の名門伊勢氏の出身であったが、関東ではネームバリューが低かった。それゆえの対策だったといえるのである。

Q40 小田原城は大森氏の時代と北条氏の時代とでは違うものなの？

小田原城といえば、北条《ほうじょう》氏五代のみならず小田原市のシンボルといえる。しかし、その歴史は、戦国以前にも非常に長いものがあった。

小田原城は、土肥実平《どひさねひら》の嫡男・小早川遠平《こばやかわとおひら》が早川荘《はやかわのしょう》の総預所《そうあずかりどころ》となり、築城したのがはじまりといわれている。実平は、挙兵時の源頼朝《みなもとのよりとも》を支援したことで知られる。鎌倉時代から南北朝時代にかけては、土肥氏、小早川氏の一族が小田原城を本拠とした。

しかし、その土肥氏は応永《おうえい》二十三年（一四一九）に上杉禅秀《ぜんしゅう》の乱が勃発すると、禅秀に味方し敗北を喫した。土肥氏は著しく衰退したのである。土肥氏の代わりに小田原城を与えられたのは、乱で軍功を挙げた大森頼明《おおもりよりあき》であった。

大森氏は、扇谷《おうぎがやっ》上杉氏の重臣として知られる。実際に小田原城に入ったのは、頼明の子頼春《よりはる》であった。当時の小田原城は、今のものからJRの線路を挟んだ西側の城《じょう》山《やま》周辺にあったという。まだ、小規模な城郭に過ぎなかったのである。

明応《めいおう》四年(一四九五)、北条早雲《そううん》は鹿狩りと称し小田原城に兵を送ると、一気に城を攻め落とした。ここに大森氏の五代八十年の支配は終焉し、以後は北条氏の城になった。しかし、早雲は韮山《にらやま》城を動くことはなかった。

今は立派な天守閣がそびえているが、戦国期の城の中心は小峯山《こみねやま》、八幡山《はちまんやま》に位置していた。この頃から城普請《ふしん》が行われ、度重なる改修工事が行われた。それゆえ堅固な城としても知られ、上杉謙信《けんしん》や武田信玄《しんげん》の大軍勢から猛攻を受けたが、これを見事に撃退している。小田原城が難攻不落の名城たる所以である。

しかし、天正《てんしょう》十八年(一五九〇)、北条氏は二十一万の豊臣秀吉《ひでよし》の大軍勢の前に屈し滅亡した。以後、徳川家康《いえやす》が関東に入封《にゅうほう》し、江戸時代には小田原城に譜代《ふだい》大名が入った。壮大な総構《そうがま》えは、このときに撤去されている。

現在の三層の天守閣は、昭和三十五年(一九六〇)に復原された。また、一帯は小田原城址《じょうし》公園として整備されている。

Q41

相模国にはいつ鉄炮が伝来したのか？

一般的には、鉄炮がポルトガルから日本（種子島）に伝わったのは、天文《てんぶん》十二年（一五四三）のことといわれている。以後、国内の合戦で、鉄炮は欠かすことができない武器となった。では、相模国《さがみ》ではどうだったのであろうか。

まず、北条氏《ほうじょう》の領国である伊豆に鉄炮が伝わった経緯を見ておこう。『鉄炮記』という史料によると、天文十三年頃に明《みん》の貿易船が暴風によって漂流し、伊豆《いず》に流れ着いたとの記録が残っている。このとき乗組員の一人が鉄炮を放ち、百発百中で鳥を撃ってみせたという記載がある。

もう一つ、別の伝承が残っているので確認しておこう。

それは、鉄炮鍛冶で有名な近江《おうみ》国の国友《くにとも》村（滋賀県長浜市）に伝わるもので、小田原の山伏道場玉龍坊《ぎょくりゅうぼう》の修行僧が鉄炮を入手して、北条氏康《うじやす》に献上したという記録である。

この話は『北条五代記』という軍記物語にもみえるものである。

玉龍坊について、少し解説をしておかなくてはなるまい。玉龍坊は、小田原城下にある松原《まつばら》神社の別当《べっとう》坊である。北条氏の祈禱を行うなど、修験道場として知られていた。つまり、北条氏とは非常に縁が深かったのである。

また、玉龍坊は北条氏の菩提所である高野山高室《たかむろ》院の先達《せんだつ》を務めており、関東に基盤を置く北条氏の関西方面における窓口でもあった。単なる布教目的とは、明らかに一線を画しており、さまざまな情報をもたらしてくれたのである。

このように考えてみると、北条氏の鉄炮入手の背景には、関西方面にネットワークを持つ玉龍坊の存在が非常に重要であったといえる。

ちなみに北条氏関係の史料には、鉄炮関係のものは乏しいといわれているが考古学的な調査によると、山中《やまなか》城から鉄砲玉などが発見されている。また、津久井《つくい》城では、焔硝蔵《えんしょうぐら》と推定される遺跡が発掘された。鉄炮伝来そのものに諸説ある現在、さらに諸史料に基づき新たな事実の解明が期待されるところである。

Q42

北条氏の印判状とはどんなものだったの？

一般的に、戦国大名は自身が発給《はっきゅう》する文書に花押《かおう》（サイン）を加えていた。しかし、北条《ほうじょう》氏の場合は、朱印を押した印判状《いんばんじょう》と呼ばれるものを用いていた。

鎌倉公方《くぼう》は当主自身が花押を据えた文書（判物《はんもつ》）を発給したり、その奉行人《ぶぎょうにん》が連名で文書（奉行人奉書《ほうしょ》）を発給していた。しかし、北条氏は虎の朱印を押した文書を発給し、命令の伝達に用いるようにしていたのである。

ちなみに、虎の朱印は当主が出陣する際にも携行されたという。何らかの事情で当主が不在の場合は、前当主の私印が代用されたことが知られる。氏康《うじやす》の印文は「武栄」、氏政《うじまさ》の印文は「有効」であり、それらは私印なのである。

むろん印判状は北条氏当主のみならず、その一族も使用したことを確認できる。例えば、氏綱の弟である幻庵《げんあん》は、「静意」という印文の印を使用し、自らの領域支配内で印判状を発給した。印判状は文書の大量発給に向いていた。

氏康が当主になると、一つの画期を迎えることになる。氏康は上杉憲政《のりまさ》を越後《えちご》に追いやると、関東西部を支配下におさめた。すると、広域支配を実現するために、一国また郡単位で一族を配置し、それぞれが独自の印を用いるようになった。

それらの例を列挙すると、次のようになる。

①八王子《はちおうじ》城主北条氏照《うじてる》――「如意成就」

②三崎《みさき》城主北条氏規《うじのり》――「真実」

③小机《こづくえ》城主北条氏尭《うじたか》――「桐圭」

こうして彼らは独自の印を用いることによって、各支配領域における統治者である証としたのである。

そして、印文にはそれぞれ重要な意味があった。例えば、「桐圭」は中国の古典『史記』の故事に基づいている。それは、唐成王《とうせいおう》が弟に桐葉を削って珪《けい》を作り、唐王に封じたという故事である。

Q43

秀吉が作った石垣山一夜城はハリボテの城だったのか？

豊臣秀吉《ひでよし》の築城にまつわる逸話は「墨俣一夜城《すのまたいちや》」など大変多くあるが、石垣山一夜《いしがきやま》城もその一つとして非常に名高いものである。

秀吉と北条《ほうじょう》氏の関係は微妙なものであったが、北条氏が秀吉の停戦令を無視することによって、両者の関係は決定的に破綻し交戦となった。

天正《てんしょう》十八年（一五九〇）、秀吉が北条氏を討伐すべく、水陸両面から十五万の大軍を率いて包囲した。信じ難いほどの大軍勢である。そして、秀吉軍が着陣した場所が石垣山である。石垣山は、もともと「笠懸山《かさがけ》」と呼ばれていたが、秀吉が本陣として総石垣の城を築城したことから「石垣山」と称されるようになったという。

では、石垣山一夜城はハリボテの城だったのであろうか。

石垣山城が石垣山一夜城あるいは太閤《たいこう》一夜城と呼ばれるのには、大きな理由がある。

秀吉が築城に際して山頂の林に塀や櫓の骨組みを一気に造り、白紙を張ってあたかも白壁のように見せかけ、そして一夜のうちに周囲の樹木を伐採したという。それを見た小田原城中の将兵は、驚愕し志気を喪失したといわれている。

しかし、実際はのべ四万人の人夫が動員され、天正十八年四月から六月まで約八十日もの日数が費やされ、ようやく完成したという。つまり、ハリボテの状態は見せかけであり、実は背後で着々と工事を進めていたのである。

秀吉は、この城に側室の淀殿《よどどの》や茶人の千利休《せんのりきゅう》、また能役者を呼び茶会を開いた。そして、ときには天皇の勅使を迎えたこともあった。

石垣山一夜城は、関東で最初に造られた総石垣の城である。石積みは近江の穴太衆《あのう》による野面《のづら》積みといい、長期戦に備えた本格的な総構えであった。度重なる地震にも耐えてきたが、関東大震災ではかなりの石垣が崩落したという。

現在、石垣山一夜城は公園として整備され、国立公園区域および国指定史跡に指定されている。

Q44

名古屋銘菓の「ういろう」はホントは薬だった!?

「ういろう」といって思い出すのは、名古屋名物のお菓子に違いない。しかし、「ういろう」といえば、薬を意味することはご存じだったであろうか。

一三六八年、中国の元《げん》は明《みん》に滅ぼされてしまった。元滅亡後、大医院《だいいいん》礼部《れいぶ》員外郎《いんがいろう》職にあった陳宗敬《ちんそうけい》は、中国の寧波《ニンポー》から博多に亡命したという。そして、外郎延祐《ういろうえんゆう》と名前を変え、保健薬「霊宝丹《れいほうたん》」を販売したといわれている。

薬の効果は広く知られるようになり、やがて後小松《ごこまつ》天皇の耳にも入った。のちに足《あし》利《かが》義満《よしみつ》の招きもあり、宗敬の子である宗奇《そうき》が上洛して薬を献上した。よほどの良薬だったのであろう。しかし、味は仁丹《じんたん》のように苦かったという。

そこで、その口直しに考案されたのが、黒糖と米粉で作った菓子の「ういろう」であった。『和漢三才図会《わかんさんさいずえ》』には、羊羹《ようかん》に類するものと記されている。

頭痛に悩まされた後小松天皇は、霊宝丹を常用したという。薬が冠から独特の香りを漂わせたところから、のちに霊宝丹は透頂香外郎《とうちんこううぃろう》と命名された。つまり、薬と口直しの菓子が混同され、「ういろう」になったのである。

外郎氏は、義満の勧めもあって大和《やまと》源氏の宇野《うの》姓を名乗った。相当に気に入られたのである。五代目の右京亮定治《うきょうのすけさだはる》のとき小田原に下向し、北条《ほうじょう》氏の客分になったと伝える。以後、薬と菓子の販売し、今日まで続いている。

十返舎一九《じゅっぺんしゃいっく》の滑稽本《こっけいぼん》『東海道中膝栗毛《とうかいどうちゅうひざくりげ》』には、「ういろうを餅かとうまくだまされてこは薬じゃと苦い顔する」とある。この記述を見ると、江戸時代には、広く薬と菓子の「ういろう」が知られていたようである。

ちなみに、二世市川団十郎《いちかわだんじゅうろう》が演じて、歌舞伎十八番の一つとなった「外郎売り」は、薬のほうを示している。早口言葉の独特な言い回しが特徴的である。

江戸時代に「ういろう」は万能薬として知られたが、現在も薬剤師との相談のもと、購入することは可能である。

Q45 豊臣秀頼の娘が東慶寺の尼さんになったというのはホント？

そもそも、東慶寺《とうけいじ》とはどのような寺なのだろうか。

東慶寺は、鎌倉市山ノ内《やまのうち》にある臨済宗円覚寺《えんかくじ》派の寺院である。松岡山《まつおかさん》と号し、松ケ《まつが》岡《おか》御所とも呼ばれている。しかし、俗に縁切寺《えんきりでら》、駆入寺《かけいり》、駆込寺《かけこみ》などとも呼ばれており、そのほうが有名ではないだろうか。

東慶寺の開山は北条時宗《ほうじょうときむね》の夫人である覚山志道尼《かくさんしどうに》、開基はその子北条貞時《さだとき》である。弘安《こうあん》七年（一二八四）に北条時宗が没すると、夫人の潮音院殿《ちょうおんいんでん》は出家し覚山尼と称した。翌年には、東慶寺を開創建している。鎌倉以来の古刹であった。

以後、代々足利《あしかが》氏出身の息女の多くが尼住持《あまじゅうじ》となり、室町時代には鎌倉尼五山《あまござん》第二に列せられている。覚山尼は離婚できない女性を救うため、女性がこの寺に駆け込み、三年間寺奉公をすれば離婚が成立する縁切寺法《えんきりじほう》を定めた。そして、わが子である北条貞時に申請して、縁切寺法が認められたというのである。

東慶寺二十世の天秀尼《てんしゅうに》(奈阿《なあ》姫)は、豊臣秀頼《ひでより》の息女であった。大坂落城後、東慶寺に入った。天秀尼は入寺に際し、徳川家康《いえやす》から何か願いはないかと聞かれたという。そこで、天秀尼は旧例の寺法断絶なきようと願ったといわれている。天秀尼は女人擁護の寺法を守ってその権利を主張し、諸堂を再建すると男子禁制・縁切寺法の特権をよく守ったという。強い信念の持ち主であった。

天秀尼の墓は寺の後丘の中腹にあり、歴代墓塔のなかで一番大きな無縫塔《むほうとう》である。

江戸時代になると、相模《さがみ》や関東各地からこの寺に駆け込む女性が非常に多かったという。また、「松ヶ岡男の意地をつぶすこと」「縁なき衆生《しゅじょう》を済度《さいど》する松ヶ岡」などと川柳に多く詠まれたように、天秀尼の遺志は長く引き継がれた。

江戸時代には、寺領百二十貫で建長《けんちょう》寺よりも多かったと伝える。それゆえに、鎌倉では建長寺、円覚寺とともに三大寺と称されていた。そして、明治三十五年(一九〇二)まで、男子禁制を貫いたのである。

Q46

北条氏康がわが子氏政の汁掛けご飯に将来を悲観したのはホント？

北条氏康《ほうじょううじやす》は、わが子氏政《うじまさ》の汁掛けご飯を食する様子を見て、その将来を大いに悲観したという。これはいったいどういうことなのだろうか。

まず、氏政の父氏康について触れておこう。

氏康は、早雲《そううん》から数えて三代目にあたる。家督を継承すると、相模《さがみ》、武蔵《むさし》の広範囲で代替り検地を行ったことで知られている。さらに上杉憲政《のりまさ》を越後《えちご》に追い出すと、甥である足利義氏《あしかがよしうじ》を古河公方《こがくぼう》に擁立した。優れた軍事力の持主である。

のちに河越《かわごえ》、松山《まつやま》でも検地を実施すると、滝山《たきやま》、鉢形《はちがた》の支城に子の氏照《うじてる》、氏邦《うじくに》に支城支配を任せている。氏康は武田信玄《しんげん》や上杉謙信《けんしん》とも堂々と渡り合い、領民から厚い信頼を得ていた。まさしく名将といっても過言ではない。

ところが、そのような名将である氏康には、唯一心配なことがあった。それは、わが子である氏政のことであった。誰でもわが子はかわいいものである。

ある日、四代目となる氏政は食事をしていたのであるが、一つの椀に二度汁をかけた。これを見た氏康は、大きく嘆息して、次のように述べたのである。

「氏政は、一つの椀の飯に二度も汁をかけたではないか。一度にどのくらいの汁をかければ足りるかが、氏政にはわからないのだ。そのような人間には人の目利きができるはずがなく、よい侍を持てるわけがない。飯に汁を二度かけるような奴は必ず国を滅ぼすに違いない」

つまり、名将たるものは、一目見て一瞬の判断を下さなくてはならない。飯と汁の分量の加減がわからないようでは、人の目利きなど満足にできるわけがない、と氏康は考えたのである。氏康は食事の仕方を見ただけでその能力を判断したのであった。

これを聞いた周りの者は「汁を二度かけたくらいで大袈裟《おおげさ》な」と笑い飛ばした。しかし、氏康の予言は見事に当たり、氏政の代から家運は傾き始め、ついに氏直《うじなお》の代で豊臣秀吉《ひでよし》に滅ぼされるのである。ただ、この話は後世の逸話と考えるべきである。

もっと知りたい歴史こばなし ③

災害がもたらした意外な発見

天災・災害は避けたいところだが、ときに意外な発見をもたらすこともあった。大正12年（1923）9月1日の関東大震災である。茅ヶ崎市下町屋橋の南（国道1号線脇）水田から、突如直径60センチのヒノキ材3本が出現したのだ。さらに翌年1月15日の余震（丹沢地震）によって、新たに4本が現れ出た。

歴史家沼田《ぬまた》頼輔《よりすけ》によって、源頼朝の重臣であった稲毛《いなげ》三郎重成《しげなり》が、亡妻の追善供養のために3年がかりで完成させた木造橋相模《さがみ》橋であると考証された。相模橋は建久《けんきゅう》9年（1198）12月2日に落成したが、頼朝はこの橋供養に出席したあと落馬し、それが元で翌年1月死去したという、因縁の橋でもある。日本最古の橋杭として、大正15年（1926）には国の史跡に指定されていたが、平成13年（2001）から平成20年3月にかけて保存整備工事が行われた。その発掘の結果、地中からさらに3本が見つかり、橋杭は10本となった。橋杭の年代も年輪年代法で、1126年から1260年に伐採されたものと判明している。

第4章

神奈川県の江戸時代

東慶寺（鎌倉市）

第4章

時代をよむ

幕府の直轄地に起こった黒船来航の衝撃

慶長《けいちょう》八年（一六〇三）に江戸幕府が開かれると、江戸の西の玄関口にあたる神奈川県は政治的・経済的に重要な地域となった。現在の県域は、当時の相模《さがみ》国全域と武蔵《むさし》国の三郡（都筑《つづき》・橘《たちばな》・久良岐《くらき》）に相当し、その大部分が天領《てんりょう》（幕府の直轄地）か旗本領だ。近世を通して県内に存続していた藩は、相模に置かれた小田原藩のみである。

さて、江戸を中心に街道が発達し、東西交通の重要性が増すと、幕府は、江戸の西側から出入する人や物へのチェック機能をこの地域に求めた。陸路では、元和《げんな》五年（一六一九）に置かれた、いわゆる箱根関《はこねのせき》がその代表だろう。また、海路に関しては、享《きょう》保《ほう》五年（一七二〇）に置かれた浦賀《うらが》の奉行所が、海の関所として機能していた。

一方で街道の発達が各地の宿場町に活気をもたらしたことも忘れてはいけない。街道を通した江戸との交流が盛んになり、宿場町が旅人達で賑わうようになると、県内では絹・漆器などの地場産業や、ウメ・タバコなどの商品作物の栽培が発達。また、三浦半島沿岸部の港町は江戸向けの漁獲物供給地として発展した。

土地開発では、川崎・箱根で用水の開削、多摩《たま》川・酒匂《さかわ》川の治水・灌漑のほか、川崎・横浜・横須賀《よこすか》などの新田開発が行われたのだが、天明《てんめい》二年（一七八二）から始まった天明の大飢饉《ききん》により、県内は荒廃して、米価が高騰。それに乗じて巨利を得ようとした豪農・商人が米の買占めや売り惜しみをすると、農民達は打ちこわしで彼らに対抗し、同七年には土平治《どへいじ》騒動と呼ばれる県内最大規模の百姓一揆にまで発展した。

嘉永《かえい》六年（一八五三）、アメリカ艦隊提督ペリーが浦賀に来航し、翌安政元年に日米和親条約が締結されると、神奈川県は大転換期を迎える。横浜が国内有数の国際港として発展したのである。しかし一方で、文久《ぶんきゅう》二年（一八六二）の生麦《なまむぎ》事件に代表されるように、外国人に対する傷害事件が県内で増加するなど、国際化ゆえの事件も起こるようになった。さらに、慶応《けいおう》三年（一八六七）十月に十五代将軍徳川慶喜《よしのぶ》が政権を朝廷に返上して、幕府が滅亡すると（大政奉還《たいせいほうかん》）、十二月には戊辰《ぼしん》戦争の一因となる荻野山《おぎのやま》中藩《なかはん》陣屋《じんや》焼討事件が県内で勃発。神奈川県は混乱とともに明治時代を迎えたのだった。

Q47

神奈川県内にはどんな藩があったの？

相模《さがみ》国の小田原藩（小田原市）は、江戸時代を通じて県内に存続し続けた唯一の藩だ。天正《てんしょう》十八年（一五九〇）、関東に入国した徳川家康《いえやす》が、股肱《ここう》の臣・大久保忠世《おおくぼただよ》を小田原城に置いたことが立藩のきっかけである。

その後、忠世の跡を継いだ長男・忠隣《ただちか》は、江戸幕府の初代老中《ろうじゅう》となり、幕府中枢で権力を得たのだが、やがて政争に敗れて失脚。以降、小田原藩は、本拠が番城《ばんじょう》（城主のいない状態）となる時期をはさみながら、阿部家、稲葉家によって治められる時代が続いた。しかし、貞享《じょうきょう》三年（一六八六）に忠隣の孫・忠朝《ただとも》が藩主となったことで、大久保家が再び藩主の座に復帰。以降、幕末まで大久保家が代々小田原藩を治めることとなった。

小田原藩を除くと、県内に本拠と藩領を合わせて持っていた藩は、江戸時代の後期に武蔵《むさし》国に置かれた六浦《むつうら》藩（横浜市金沢区《かなざわ》）と相模国愛甲《あいこう》郡（厚木《あつぎ》市）の荻野山中《おぎのやまなか》藩のみである。その他、県内の大部分は天領《てんりょう》・旗本領であり、残りの土地は寺社領や県外に本拠を置く藩の飛地《とびち》が混在しているという状況だった。

六浦藩の藩主・米倉《よねくら》家は、横浜市域に存在した唯一の大名家で、もとは甲斐《かい》の武田家に仕えた一族である。武田滅亡後は徳川に従い、当初は数百石扶持《ぶち》の旗本だったが、米倉昌尹《まさただ》が五代将軍綱吉《つなよし》に重用されると、武蔵・相模などに計一万石を得て大名となった。ちなみに、陣屋《じんや》（本拠）が置かれた場所の通称から、当時は武蔵金沢《かねざわ》藩と呼ばれていたが、明治維新の藩制整備の際、加賀《かが》の金沢《かなざわ》藩と混同を避けるために六浦藩の名前がつけられた。ようするに、六浦藩というのは、後世につけられた藩名である。

一方、荻野山中藩は、小田原藩大久保家が分家してできた藩で、最終的な石高は一万三千石。もとは県外の駿河《するが》（静岡県）にあった陣屋が天明《てんめい》三年（一七八三）に県内に移されて誕生したという経緯がある。同藩の陣屋は幕末の騒乱の中で、武力討幕派の浪士達に襲われて焼失したのだが、慶応《けいおう》三年（一八六七）十二月に起きたこの襲撃事件は、その直後に起こった戊辰戦争のきっかけの一つに数えられている。

Q48

箱根関はなぜ将軍秀忠時代に作られたのか？

江戸幕府にとって最重要の関所である箱根関《はこねのせき》が設けられたのは、元和《げんな》五年（一六一九）頃のことだ。それ以前にも箱根山に関所は存在していたのだが、同四年、芦ノ湖《あしのこ》畔に箱根宿が新設されたことを機に、現在の史跡場所に移転。当初の設置目的は、西から来る敵が江戸に入ることを取り締まることだった。当時で言う「西から来る敵」とは、言うまでもなく、大坂の陣で敗れた豊臣方の残党である。徳川家康《いえやす》が大坂夏の陣で豊臣家を滅ぼしたのが慶長《けいちょう》二十年（一六一五）のこと。そして、家康がこの世を去ったのが元和《げんな》二年（一六一六）だ。それらを踏まえると、幕府の体制がまだまだ磐石とは言えない二代将軍秀忠《ひでただ》の治世というタイミングで箱根関が置かれたのも頷ける。

やがて豊臣家の脅威が薄れていくと、箱根関も軍事的なものから治安警察的なものへと次第にその性格を変えていった。参勤交代の制度が整えられて、諸大名の妻子が人質として江戸に住まわされるようになると、関所では、「入鉄砲《いりでっぽう》に出女《でおんな》」を主に取り締まるようになった。「入鉄砲」とは、江戸に武器が持ち込まれること、「出女」とは、人質である諸大名の妻女が国許に帰ることを指す。ようするに、諸大名の謀反《むほん》に通じる行為をこの箱根関で取り締まっていたのだ。

その後、幕藩体制が安定していくと、箱根関では主に江戸から関西方面に向かう「出女」を取り締まることが中心になっていくのだが、この厳しい「女改め」が旅の女性達に嫌がられていたようだ。女性が箱根関を通行するには、いまの身分証にあたる手形が必要で、その手形には旅の目的、行き先はもちろん、通行する女性の素性、髪形、顔や手足の特徴からホクロの位置にいたるまで詳しく記されていたという。その情報をもとに女性の身体検査をするのが、人見女《ひとみおんな》という女性役人で、大抵は老女だったことから「改め婆《ばば》」とも呼ばれた。

箱根関の開門時間は「明け六つ(午前六時)」から「暮れ六つ(午後六時)」まで。管理は当初、幕府が行っていたが、やがて小田原藩に委ねられた。明治二年(一八六九)、明治政府が関所を全廃するにいたって、ついに箱根関はその役割を終えたのだった。

Q49

城主がいないときの小田原城は誰がどうやって守っていたのか？

戦国時代、難攻不落の城として天下にその名を轟かせたのが小田原城だ。

当時は北条家《ほうじょう》(後北条氏《ごほうじょう》)の居城だったが、天正《てんしょう》十八年（一五九〇）、豊臣秀吉《ひでよし》の小田原攻めによって開城。その後、徳川家康《いえやす》が関東に入ると、家康股肱《ここう》の臣・大久保忠世《ただよ》が城主として置かれた。忠世の死後、長男の忠隣《ただちか》がその跡を継いで城主となるが、慶《けい》長《ちょう》十九年（一六一四）、忠隣は幕府中枢の政争に敗れて所領没収。以降、元和《げんな》五年（一六一九）までの五年間、小田原城は番城《ばんじょう》制となった。

番城とは、城主を置かず、旗本など幕府の代官が交代で城を守衛する状態を意味する。次の城主が決定するまでの暫定的な措置だが、大久保家が改易《かいえき》されてからのこの五年間が小田原城の第一次番城時代だ。

元和五年九月に上総《かずさ》国大多喜《おおたき》藩（千葉県夷隅《いすみ》郡大多喜町《おおたきまち》）藩主の阿部《あべ》家が城主となっ

たことで小田原城は番城ではなくなるが、その阿部家も四年後には早くも武蔵《むさし》国岩槻《いわつき》藩（埼玉県さいたま市）に転封。寛永《かんえい》九年（一六三二）十一月に稲葉家が城主となるまでの九年間、再び小田原城は番城となった（第二次番城時代）。なお、この時期に関東で番城だったのは小田原城のみである。

ただし、藩庁（小田原城）に主が不在だからといって、小田原藩の行政機能がストップしていたわけではない。例えば、寛永八年には岡野村（足柄上《あしがらかみ》郡開成町《かいせいまち》）が五人組《ごにんぐみ》の組み合わせを記した文書を代官に提出している。五人組というのは、江戸時代に組織された連帯責任・相互扶助・相互監督の単位であり、このときの岡野村の文書が県内最古の五人組関係史料だという。このように、城番時代には、幕府の代官が年貢行政等に関わっていたと考えられている。

ちなみに、第一次城番時代の後、阿部家の城主期間がわずか四年で終わった背景には、二代将軍秀忠《ひでただ》の思惑があったようだ。実現こそしなかったが、秀忠は、父家康が駿府《すんぷ》で大御所政治を行ったように、自分も将軍隠退後は小田原城で政務を執ろうとして、阿部家を転封させたという。

Q50

川崎大師はなぜ「厄除け」になったのか？

川崎市にある真言宗智山《ちさん》派大本山の寺院・平間寺《へいけんじ》は「川崎大師《だいし》」の通称で親しまれ、古くから「厄除《やくよ》け」の寺院として有名だ。

江戸時代の名所や寺院、市井の風俗などを描いた地誌『江戸名所図会《めいしょずえ》』（天保《てんぽう》五年〈一八三四〉刊）で川崎大師が「厄除大師堂《だいしどう》」として紹介されていることからも、当時からすでに厄除けの寺院として人々の間で広く知られていたようだ。

川崎大師と厄除けとの関係は、寺伝によると、同寺の始まりにまで遡る。

平安時代の末期に平間兼乗《ひらまかねのり》という元武士の漁師が厄年の厄除けを神仏に祈願していると、夢に弘法《こうぼう》大師（真言宗の開祖・空海）が現れ、兼乗に厄除けに関するお告げをしたという。兼乗はそのお告げに従って行動し、海中から弘法大師の像を発見すると、海辺に小さな御堂を建てて尊像を祀ったのだった。これが大治《だいじ》三年（一一二八）の出来事で、その御堂を兼乗の姓から平間寺と号し、本尊を厄除弘法大師と呼ぶようになったのだという。ようするに、川崎大師は、スタート時から厄除けがご利益の中心だったのである。そして、そのご利益が世間に広く認知されるようになったきっかけは、江戸時代後期に行われた将軍家による川崎大師への厄除け参りだった。

文化《ぶんか》十年(一八一三)九月、四十一歳だった十一代将軍徳川家斉《いえなり》は、前厄の厄払いに川崎大師で祈禱を受けることになった。しかし、川崎大師では山主《さんしゅ》(=住職)の降円《りゅうえん》上人が直前に急死するというアクシデントが発生。将軍参詣《さんけい》は降円の死を伏せてそのまま行われたのだが、のちにその事実を知った家斉は、参詣直前の山主の死を自分の厄の身代わりになってくれた結果ととらえて、いたく感激したという。

その後、家斉から五十石の寺領が寄進されたことで川崎大師の境内は整備され、本尊の評判も著しく高まった。そして、将軍参詣の顚末が人口に膾炙《かいしゃ》すると、ご利益にあずかろうとする人々が次々と参詣するようになったという。ちなみに、将軍家の川崎大師参詣はその後も続き、家慶《いえよし》(十二代将軍)・家定《いえさだ》(十三代)・家茂《いえもち》(十四代)が厄除け詣りに訪れている。

Q51

神奈川県内にはどんな宿場があったの？

県域の南側を五街道《ごかいどう》の一つである東海道が走り、北端をこれまた五街道の一つ甲州《こうしゅう》街道が横切る県内には、合計で十三の宿場があった。

そのうち東海道にあった県内の宿場は、江戸に近い順から川崎・神奈川・保土ヶ谷《ほどがや》・戸塚《とつか》・藤沢《ふじさわ》・平塚《ひらつか》・大磯《おおいそ》・小田原・箱根の九つ。江戸幕府が街道の整備を開始するのは慶長《けいちょう》六年（一六〇一）以降だが、このときすでに県内の東海道には川崎・戸塚・箱根以外の宿場が成立していた。

戸塚に宿場が設けられたのは、同九年のことだ。戸塚は、藤沢と保土ヶ谷の中継地として、宿場となる以前から旅人を宿泊させて駄賃《だちん》稼ぎをしていたが、それに対して藤沢が幕府に不満を訴えた。宿場として伝馬役《てんまやく》（運送用の人馬を負担する労役）も務めていないのに、自分たちの客を奪うな、というわけだ。対する戸塚は、ならばいっそ、と幕府に宿場開設を出願する。自分たちの宿場が廃れることを恐れた藤沢はこれにも強く反対したが、結局、同九年に戸塚は幕府から宿場として認められたのだった。

箱根に宿場ができたのは、元和《げんな》四年(一六一八)のことで、小田原宿と伊豆《いず》国(静岡県)の三島《みしま》宿の中間地点に両宿から五十軒ずつを移転して新設された。翌年、宿場に隣接して設けられたのが、江戸時代の関所の代名詞とも言える箱根関だ。

箱根に続いて同九年に川崎宿ができたことで、県内の東海道九宿は出揃った。当初の川崎宿は、経営が苦しく、幕府からたびたび援助を受けていたが、宝永《ほうえい》六年(一七〇九)に六郷《ろくごう》川(多摩《たま》川の下流部)の渡船《とせん》権を得たことで、ようやく収入が安定。やがて川崎大師《だいし》が民衆の信仰を集めると、宿場は多くの旅人で賑ったという。

江戸から甲斐《かい》国(山梨県)・信濃《しなの》国(長野県)に繋がる甲州街道にあった県内の宿場は、江戸に近い順から小原《おはら》・与瀬《よせ》・吉野《よしの》・関野《せきの》の四つ。各宿の成立時期は明らかではないが、甲州街道の宿駅が整備されたのが東海道に続く慶長《けいちょう》七年(一六〇二)頃と考えられているので、県内の宿場ができたのも同時期のことだろう。いずれも相模《さがみ》国の北端にある津久井《つくい》郡(相模原市緑区)に置かれ、「甲州道中相州四カ宿」と呼ばれた。

Q52

江戸時代なのに相模国には「県」があった？

「県《けん》」という行政単位は、明治四年（一八七一）の廃藩置県《はいはんちけん》以降に使用されたというイメージがあるが、実は江戸時代にも、「県」が名前に付けられた地域がある。それが、「津久井県《つくいけん》」だ。もちろん、知事などが置かれた後世の「県」とは性格が異なるが、江戸時代を通して行政単位として「県」という呼称が使われた地域は他にない。

では、「津久井県」が誕生した経緯を見てみよう。

神奈川県の北西、つまり当時で言うところの相模《さがみ》国の北端に津久井領と呼ばれた地域があったのだが、元禄《げんろく》四年（一六九一）に幕府の代官・山川貞清《さだきよ》の命令により、同領を「津久井県」と改称したのがその始まりだ。

幕府代官の命令ということからもわかるように、当時の津久井はその大部分が天領《てんりょう》だった。この領地名の改称に幕府がどこまで関与していたかは不明だが、これ以降に発給《はっきゅう》された文書は、公的なものも含めて、すべて「県」が使用されている。

そもそも津久井を「県」とした理由は明らかではないが、一説には、この地域が山間の僻地《へきち》にあるため、当時の行政単位で言う「郡」のレベルに達していなかったからだとも言われている。

ちなみに、「県」は、古代にも登場する行政単位である。律令《りつりょう》制以前は「国」とともに使用されていたが、やがて律令体制下で国郡里制が定着していくと、行政単位としては使用されなくなっていった。古くは「あがた」と呼ばれていたことから、江戸時代でも「けん」と「あがた」という両方の読み方が使われている。

さて、「津久井県」という呼称は幕末まで使用され続けたが、明治三年（一八七〇）には再び「津久井郡」と改められた。

その後は長く「津久井郡」の名前で親しまれてきたのだが、二〇〇〇年以降急速に市町村合併が進んだ、いわゆる「平成の大合併」の波を受けて、平成十九年（二〇〇七）三月には隣接する相模《さがみはら》原市に編入されて地名が消滅。現在、旧津久井郡の全域は相模原市緑区に属している。

Q53

富士山の大噴火がもたらした影響とは？

宝永《ほうえい》四年（一七〇七）十一月二十三日、富士山が大きな地鳴りと爆発音を発して大噴火を起こすと、火山弾・火山灰が周辺一体に降り注いだ。いわゆる「宝永の大噴火」だ。

このとき起こった噴火のすさまじさは、平安時代に起こった「延暦《えんりゃく》の大噴火」、「貞《じょう》観《がん》の大噴火」と並べられ、富士山三大噴火の一つに数えられている。また、被害が長期間・広範囲に及んだ降灰の様子を当時の史料は「砂降《すなふ》り」と伝えている。

もっとも被害が大きかったのは東側の山麓に位置する駿河《するが》国須走《すばしり》村（静岡県小山《おやま》町《ちょう》）で、全七十五戸が焼失・倒壊という壊滅状態だった。実地検分をした役人の記録によると、同村の浅間《せんげん》神社は、鳥居が火山灰で半分以上埋まり、拝殿は屋根だけが見える状態だったという。

遠く離れた江戸にも「砂降り」の被害は及んだ。火山灰が空を覆って日光を遮り、降灰のために傘をさして歩くものもいたという。のちに「正徳《しょうとく》の治《ち》」と呼ばれる政治改革を主導したことで知られる幕臣・新井白石《あらいはくせき》も当時の日記(『折りたく柴の記』)で江戸の空が暗くなったことについて言及している。

こうして江戸に灰が降るくらいだから、当然、より富士山に近い神奈川県内の被害は、さらに大きかった。

相模《さがみ》・武蔵《むさし》の麦作は全滅。横浜・藤沢《ふじさわ》・平塚《ひらつか》の各市域では二〇〜三〇センチの降灰が積もったという。また、小田原藩の領地もほぼ壊滅状態だったので、幕府は藩領のうち、とくに被害の大きかった地域を天領《てんりょう》に移して復興政策を進め、同藩には伊豆《いず》(静岡県)や三河《みかわ》(愛知県)に代替の領地を与えるという救済措置をとっている。

さらに、これ以降、県内各地の年貢関係の文書には、従来見られなかった「砂場」、「砂置場」、「除砂置引《すなよけおきびき》」などの言葉が新たに見られるようになる。もちろん、農地への「砂降り」の被害から生まれた火山灰処理に関する用語だ。村によっては「砂置場」という言葉が幕末まで年貢関係の文書に見られることからも、宝永四年の「砂降り」が県内に及ぼした被害の甚大さがうかがえる。

Q54

荻野山中藩の陣屋襲撃事件はなぜ成功した？

慶応《けいおう》三年（一八六七）十二月十五日、荻野山中藩《おぎのやまなか》の陣屋《じんや》が浪士達に襲撃されるという事件が発生した。中心となった浪士の数は三十人程度だが、実際に襲撃に参加した人数は地元の農民なども含めて、三百人以上はいたと伝えられている。事件当日、荻野山中藩は、藩主が出張していたことから、陣屋にはわずかな留守役しかいなかった。結果、あっさりと陣屋は占拠され、代官・三浦政太郎《せいたろう》は討死に。浪士達は略奪・放火して陣屋を焼き払うと、江戸の薩摩《さつま》藩邸へと撤収していったのだった。

この事件の直前、同年十月に十五代将軍徳川慶喜《よしのぶ》が大政奉還《たいせいほうかん》を行っていたことがここでは大きなポイントとなる。薩長を中心とする討幕派は、慶喜が政権を朝廷に返上したことで、幕府を武力討伐する大義名分を失ってしまったのだ。そこで、倒幕派は関東で騒乱を起こして旧幕府勢力を挑発し、戦端を開こうとした。荻野山中藩の陣屋を襲撃したのも、そうした挑発行動の走りだ。この事件に限らず、当時、関東で不穏な動きを見せる集団が次々と江戸薩摩藩邸に逃げ込んだことから、ついに旧幕府側も反撃を決意。同年十二月二十五日に江戸薩摩藩邸への討ち入りが行われると、年が明けた同四年一月から、いわゆる戊辰《ぼしん》戦争へと突入していったのである。

ところで、当初、荻野山中藩の陣屋を襲撃する計画と並行して、下野《しもつけ》国（栃木県）出流《いづる》山《さん》での挙兵や甲斐《かい》国（山梨県）甲府城への攻撃も計画されていたのだが、その二つは失敗に終わっている。つまり、県内で行われた工作のみが成功したのだ。

荻野山中藩陣屋襲撃事件は、これまで倒幕派浪士達による行き当たりばったりな計画で、運良く成功したものと考えられてきたが、浪士のリーダー格・結城《ゆうき》四郎《しろう》の剣術の弟子に関する名簿が見つかったことで、その見方が改められた。

名簿に書かれた四郎の弟子達は、県内に居住する者がほとんどで、なかには襲撃に協力した人物の名前もあった。つまり、事件の数年前から、四郎は、県内に出稽古《でげいこ》に出ては、剣術修行を通じて、地元に人脈を作っていったと考えられるのだ。浪士達の陣屋襲撃が成功したのは、おそらくこうした事前工作が功を奏した結果なのだろう。

Q55

ペリー艦隊はなぜ「久里浜」に上陸したのか？

嘉永《かえい》六年（一八五三）六月三日、日本中を震撼させる大事件が県内で起こった。アメリカ合衆国東インド艦隊の司令長官・ペリーが四隻の軍艦を率いて浦賀（横須賀市）の沖に現れたのである。いわゆる「黒船来航」だ。

幕府が本格的に海防政策に取り組みだしたのは、十八世紀に外国船が日本近海に出没し始めてからのことだった。文政《ぶんせい》八年（一八二五）に異国船打払令《いこくせんうちはらいれい》が発せられたように、当初は、外国船を見かければ有無を言わさず打ち払うという強硬姿勢だったが、天保《てんぽう》十一年（一八四〇）に起こったアヘン戦争で大国・清がイギリスに敗れたことを知ると、その方針を柔和なものへと変更していった。なお、ペリーが日本にやって来るという情報は、オランダ商館長ドンケル・クルティウスから一年前にもたらされていたのだが、事態を楽観視していた幕府中枢は、十分な対応策を用意しなかったという。

さて、浦賀にやって来たペリーは、アメリカ大統領の国書を携えて、幕府に開国を要求し、まず手始めに幕府高官と面会させるように求めてきた。幕府は、その面会自体が日本の国法に適わないとしてこれを拒否していたのだが、やがて黒船の武力に圧される形で、議論は大統領国書をどこで授受すべきかという方向に移っていった。

首都(江戸)での授受を主張するペリーに対し、幕府は長崎での授受を主張。結局、双方が妥協する形で選ばれた場所が、県内の久里浜(横須賀市)である。当時の久里浜は小さな漁村に過ぎなかったが、有事に備えて砲台が置かれた浦賀から近く、大人数が集まれる広い浜もあったことから、ここが選ばれたのだという。

同年六月九日、久里浜に上陸したペリー一行は、幕府に大統領国書を渡し、開国要求の返事を聞くために来年再び来航することを告げて引き揚げていった。こうして日本がのちに国際化していく第一歩が、幕末の県内で踏み出されたのである。

現在、久里浜にあるペリー公園には、初代内閣総理大臣・伊藤博文の筆で「北米合衆国水師提督伯理上陸記念碑」と書かれたペリー上陸記念碑が建てられ、毎年夏には「久里浜ペリー祭」というイベントが開催されている。

Q56

ペリー艦隊来航で「黒船」見物ブームがあったってホント？

嘉永《かえい》六年（一八五三）の「黒船来航」は日本中に衝撃をもたらしたが、当時の人々にとって黒船は、恐怖の対象であると同時に、好奇心を大いに刺激するものだった。そして、翌年の同七年一月に再びペリーが日本にやって来ると、人々の好奇心は黒船見物ブームとなって爆発する。怖いもの見たさや野次馬の精神は、今も昔も大して変わらないようだ。

さて、ペリー一行が日米和親条約を締結するために横浜に上陸すると、黒船や外国人をひと目見ようと、遠方からも県内に多くの人が押し寄せてきた。

江戸時代の後期にもなると、庶民にとって旅行は身近なものになっている。前に見たように、この頃には、全国各地の街道・宿場が整備され、川崎大師《かわさきだいし》を厄除《やくよけ》の寺として紹介する旅行ガイドまで出版されているような状況だった。寺社見物などを名目に、黒船見物で県内を訪れることも、それほど難しくはなかったのだろう。なかには沿岸の漁村から小船を調達して、海上から間近で黒船を見物（あるいは外国人と接触）しようとする積極的な者もいたという。

こうした庶民の動きに対し、幕府も再三にわたって黒船見物禁止令を出したのだが、あまり効果はなかったようだ。当時の錦絵には、幕府の立てた野次馬防止柵を壊して黒船を眺める見物人の姿も描かれている。当時の人々にとって、黒船来航という出来事は、ある意味でお祭り騒ぎだったのだろう。「泰平の眠りをさます上喜撰《じょうきせん》（緑茶の銘柄。蒸気船とかけた）たった四《し》はいで夜も眠れず」という有名な狂歌からは、黒船に対する恐怖だけでなく、好奇心から来る興奮（で眠れない）も感じられる。

もちろん、黒船に対する恐怖心があったことは確かだ。実際、江戸ではいまにも合戦が起こるのではないかと、剣術修行が盛んになるが、県内でも、この頃から武士階級以外の人々が次々と剣術を習い始めた。ただ、こうした危機意識と同時に「武具馬具屋《ぶぐばぐや》　渡人《わたりにん》さまと　そつと云い」という川柳が生まれたところに、黒船を観光スポットととらえた庶民たちの、為政者には見られなかった頼もしい余裕が感じられる。

Q57

開港当時の「横浜」は寒村だった？

現在、横浜港と言えば日本を代表する港であり、国際貿易港として世界的にその名が知られているが、開港当時は、武蔵《むさし》国久良岐《くらき》郡に属する小さな農漁村だった。戸数はわずか百戸程度で、沼地が多かったという。

そんな寒村・横浜村が現在の形に変わるきっかけとなったのが、安政《あんせい》五年（一八五八）六月に結ばれた日米修好通商《しゅうこうつうしょう》条約だ。

同条約により、日本側は箱館《はこだて》・長崎・兵庫・新潟とともに東海道の宿場町・神奈川宿周辺（横浜市神奈川区）に港を開くことが決定した。しかし、幕府は、日本人と外国人のトラブルが発生することを恐れ、人通りの多い東海道から離れた僻地にある寒村・横浜村に新たな港湾を建設することを計画する。約一年後の条約の期日に間に合うように、開港工事は急ピッチで進められた。

工事費用は約十万両。突然立ち上がった公共事業に県内外から多くの人々が集まり、関東各地の住民たちが工事に参加したという。なお、横浜では開港後も市街地の拡張工事などが続けられたので、当時の人々にとって横浜は、行けば日銭が稼げる場所となっていったようだ。

さて、幕府は、開港工事を進めると同時に、貿易の要となる商人の誘致にも努めた。三井などの江戸の大商人は半ば強制的に出店を命じられたのだが、他にも新天地に商機を見出した冒険心溢れる商人達が関東各地から横浜に集結。工事が始まるころには、割渡し予定地が申請者でいっぱいになっていたという。

条約締結から約一年後の同六年六月二日、ついに横浜は開港した。

開港後は外国人商人も続々と横浜に移住して、日本人居住区の隣に外国人居留地を形成。寒村・横浜村は、ものすごいスピードで、国際色豊かな都市へと発展したのだった。当初は神奈川宿を港にすることを望み、横浜開港を条約違反だと批判していた欧米諸国も、次第に横浜が貿易港として予想外の発展を見せると、既成事実を認め、次第に反対の声をひそめていったという。

Q58

外国人居留地はどのように成立・発展した？

横浜に外国人居留地ができるようになったきっかけは、安政《あんせい》五年（一八五八）六月に結ばれた日米修好通商条約《しゅうこうつうしょう》をはじめとする安政五か国条約（その他、通商条約を結んだのは英・仏・露・蘭）だ。神奈川の開港場に外国人の居住スペースを設けることが同条約ですでに約束されていたのである。そこで、翌六年六月、諸事情により神奈川ではなく横浜が開港されると、外国人は次々と横浜に移り住み、外国人街を形成。その後、諸外国と幕府との間で居留地の運営に関する細かい取り決めがなされると、いよいよ横浜は、「日本の中にある外国」となったのだった。

居留地の周囲には、要所ごとに関所が置かれ、日本人の出入りが監視されていた。もちろん、外国人の生命を守るためである。経済活動でも、外国人は条約によって居留地の外で商売をすることが禁じられていたので、彼らと取引をするには売込《うりこみ》商・引《ひき》取《と》商と呼ばれる幕府指定の商人を仲介しなければならなかった。やがて横浜が貿易港として発展していくにつれて、外国商店の国内窓口となった売込商・引取商の中には、莫大な利益を得る者も現れたのだった。ちなみに、居留地のあった場所がいまでも「関内《かんない》」と呼ばれているのは、このように「関所の内側」に居留地があったことに由来する。また、居留地のあった場所にはもともと横浜村という小さな村があったのだが、その村が開港時に関所の外に強制的に移されてできたのがいまの「元町《もとまち》」だ。もともとあった村が移ったことから、当時は「元村」と呼ばれた。

さて、こうして横浜に住む外国人が増えるにつれて、開港当初の居留地では何かとスペースが不足していった。そんな折、慶応《けいおう》二年（一八六六）十月に居留地で大火災が発生し、多くの建物が焼失。この火災からの復興をきっかけに市街地が拡張され、新しい町づくりが始まったのだった。外観の面では、国内最初の西洋式街路である日本大通を中心に置き、建築物も和風から洋風へと変えられた。また、暮らしの面では、キリスト教や西洋食、スポーツ、写真から教育・医療まで、外国人は本国の文化を横浜に持ち込んで定着させた。こうして居留地は西洋文化の発信地となったのである。

Q59

神奈川県の名産品「鎌倉ハム」「高座豚」は、横浜開港と関係がある？

「鎌倉ハム」や「高座豚《こうざぶた》」は神奈川県を代表する名産品だが、これらが県内で生産されるようになった背景には、安政《あんせい》六年（一八五九）六月の横浜の開港がある。

横浜で外国人居留地が形成されると、県内では、「西洋食を日本でも食べたい」という外国人の要望に応える形で養豚《ようとん》業が発達。明治時代に入り西洋食が次第に日本に浸透していくと、県内の養豚業は、ますます盛んになっていったのだった。

「鎌倉ハム」誕生のきっかけは、明治七年（一八七四）にイギリス人技師ウィリアム・カーチスが外国人をターゲットにしたホテルを柏尾《かしお》村（横浜市戸塚《とつか》区柏尾町《かしおちょう》）で経営し、ハム作りを始めたことだ。当初、ハムの製法は秘密にされていたのだが、カーチスの妻かねと以前から親交があったことから、地元の名士・斎藤家にそのノウハウが伝えられることとなった。そして、同二十年頃、斎藤家は同じく柏尾村にハム製造所を建設してハムの生産を開始。この製造所が当時の鎌倉郡(鎌倉市全域および横浜市・藤《ふじ》沢《さわ》市の一部を含む地域)にあったことから、ここで作られたハムはやがて「鎌倉ハム」と呼ばれて、全国的に知られるようになったのである。

こうして県内でハム作りがスタートしたのと時期を同じくして、明治政府は、富国強兵路線の一環として動物性タンパク質の供給源となる畜産業を推進していた。県内の養豚業もそんな時代の波を受けて、明治時代後半から大正期に目覚しく発展。都市化の進んだ現在の県内からは想像し難いかもしれないが、当時の神奈川県は沖縄県や鹿児島県と肩を並べる国内有数の豚肉の産地となったのだった。

とくに県域中央の農村地帯である旧高座《こうざ》郡(現高座郡に藤沢市・綾瀬《あやせ》市などの一部も含む地域)・中郡では、豚の餌となる麦類やサツマイモの栽培がされていたことから豚の飼育が農業の副業としても注目され、県内養豚業の中心地となっていった。そして、ここで飼育された豚が、やがて「高座豚」と呼ばれてブランド化していったのである。また、旧高座郡は、「鎌倉ハム」の製造地である鎌倉郡と隣接していたことから、これらの地域はハムの原料供給地としても活躍したのだった。

Q60

ペリーが持ってきた鉄道模型はその後どうなった？

「黒船来航」から半年が過ぎた嘉永《かえい》七年（一八五四）一月、ペリーは再び日本にやって来ると、アメリカ大統領からの贈物として電信機や小銃、時計、望遠鏡など三十三種類の献上品を幕府に贈った。そして、その献上品の一つに鉄道模型があったのである。

模型とはいえ、それは水と燃料で動くれっきとした蒸気機関だった。

実物の四分の一サイズで、客車の長さが約三メートル。ペリーに同行していたF・L・ホークスという人物の記録（『ペリー提督日本遠征記』）によると、幕府の役人・河田八之助《かわだはちのすけ》という人物がこの模型の客車の屋根に跨《また》がって乗車し、円形に敷かれたレールの上をぐるぐると走って回ったという。

レールの長さは、一周約六十間（約一一〇メートル）。幕府の横浜応接所裏の麦畑に八日間がかりで敷設されたものだ。また、このときに出た鉄道模型のスピードは時速二〇マイル（時速三二キロ）ほどだったというから、なかなかの速さだ。馬並みスピードで動く物体に跨るという経験は、やはり当時の日本人からするとかなり強烈なものだったのだろう。河田はこの体験を日記で「迅速飛ぶが如く」と表現している。また、ホークスは、このときの河田の様子を「客車の屋根にしがみついて強がりで笑っていたが、本当は怯《おび》えていたのではないか」と見ていたようだ。ちなみに、日本人が最初に鉄道に乗ったのは、中浜万次郎《なかはままんじろう》（ジョン万次郎）が漂流民としてアメリカで生活していたときのこととされるが、国内ではこのときの河田が最初の例である。

さて、ペリーが持ってきたの鉄道模型は、文久《ぶんきゅう》年間（一八六一〜六三）に開成所《かいせいじょ》（幕府の洋学研究機関）の手に渡り、その後は幕府の海軍所で保管されるようになったという。その後、いわゆる長州五傑のひとりで、当時工部少輔《こうぶしょうゆう》だった山尾庸三《やまおようぞう》がこの模型を京都博覧会で展示しようと明治五年（一八七二）に正院《せいいん》（明治初期の政府最高機関）に払い下げを求めた。これを受けて正院が模型の所在を調査した結果、幕府海軍所が保管していた時代に火災で失われていたことが判明。つまり、ペリーが持ってきた鉄道模型は、幕末の時点ですでに焼失していたのだった。

もっと知りたい歴史こばなし ④

太田道灌の墓の謎

扇谷《おうぎがやつ》上杉家の糟屋《かすや》館《やかた》で太田道灌《どうかん》は暗殺されたが、その後道灌の骸《むくろ》がどうなったのかはっきりしない。いちばん信憑性があるのは伊勢原《いせはら》市上粕屋《かみかやすや》の洞昌院《どうしょういん》裏山で荼毘《だび》に付されて墓に埋葬されたという話だろう。しかし、同じ伊勢原市内下糟屋《しもかすや》の大慈寺《だいじじ》近くにもう1つの墓がある。こちらは「首塚」と呼ばれ、洞昌院の墓は「胴塚」とされている。ということは、道灌は死後、首級を持ち去られたために別々に埋葬されたということなのだろうか。どちらの墓石も道灌の死の年代と様式など齟齬《そご》しないとされるが、それならなぜ、一緒に埋葬されなかったのだろう。不思議である。何か一緒に埋められない事情でもあったのだろうか。鎌倉市の壽福寺《じゅふくじ》から源氏山《げんじやま》へと通じるハイキングコースにも道灌の首塚があるし、埼玉県越生町《おごせまち》にある龍穏寺《りゅうおんじ》にも道灌の墓がある。龍穏寺の墓は墨田区法恩寺《ほうおんじ》の道灌墓のようないわゆる供養塔なのかもしれないが、なぜ鎌倉に首塚があるのか。いったん鎌倉に持ち去られ、改めて大慈寺近くに埋葬したという可能性もあるのだろうか。

第5章

神奈川県の近代

横須賀海軍造船所で建造された巡洋艦・海門の進水式
（明治15年。宮内庁所陵部蔵）

第5章

時代をよむ

横浜が牽引した神奈川県の発展

神奈川の近代は、横浜の発展から始まった。漁業と農業を細々と営んでいた横浜村は、幕末に突如国際港としての使命を与えられ、明治に入ると多くの外国人が闊歩する大都市へと変貌を遂げた。横浜は海の玄関口であると同時に西洋文明の入り口であり、多くの外国文化が横浜経由で日本に流れ込む。鉄道、乗合《のりあい》馬車、日刊新聞の発行、電信、ビール製造、アイスクリームの製造販売、理髪店、競馬の開催、街路樹の設置と、交通機関から食べ物に至るまで横浜における〝日本初〟をあげれば切りがない。

外貨獲得を目指す明治政府は海運による貿易の拠点として横浜を重視し、なかでも生糸《きいと》の輸出は神奈川県はもとより日本に莫大な利益をもたらした。当時ヨーロッパでは蚕《かいこ》に大規模な伝染病が発生して壊滅状態となっており、中国産の生糸も政情が不安定だったため思うような供給量を確保できずにいた。このためもともと養蚕が盛んだった多摩《たま》郡や津久井《つくい》郡を始めとする県内の農村では繭《まゆ》の生産量が増大。新たに参入する農家も増え、製品を横浜まで運搬するための交通網整備も進んだのである。

また首都東京に隣接する立地の良さから、臨海部を中心とする工業の発展も目覚ましいものがあった。京浜工業地帯には近代化に欠かせない重工業が集中し、神奈川県は日本の近代化を支える存在となって行く。

重要な軍事拠点が多く置かれたのも、近代の神奈川県の特徴と言えるだろう。首都東京を防衛するための最終ラインであるだけに、明治十七年(一八八四)にはいち早く海軍を統括する鎮守府《ちんじゅふ》が横須賀《よこすか》に設置されている。

太平洋戦争中にはいわゆる本土決戦に対する備えとして、敵の上陸が予想された相模《さがみ》湾沿岸に砲台や陣地、特攻基地などが多数作られた。古くからの信仰の地・江ノ島《えのしま》にも敵艦船を攻撃するための重砲陣地が設けられている。

工業地帯や軍事拠点の存在は戦時中アメリカによる空襲の標的となり、多くの被害を出す結果となったが、近代に整備された工業地帯や商業基盤は戦後の高度成長を支える基礎となり、神奈川の発展に寄与したのである。

Q61

神奈川県西部と伊豆地方を管轄した「足柄県」とは？

明治四年（一八七一）、明治維新における最大の改革である「廃藩置県」が断行された。薩摩《さつま》・長州《ちょうしゅう》の兵を大挙上京させ、武力を背景に有無を言わさぬ態度で臨んだ改革であり、これによって旧来の藩は完全に消滅する。

しかし廃藩置県後すぐに現在の神奈川県の形ができあがったわけではない。当初は、神奈川県（武蔵《むさし》国橘樹《たちばな》郡・都筑《つつき》郡、久良岐《くらき》郡の一部、相模《さがみ》国三浦郡、鎌倉郡の大部分、大住《おおすみ》・愛甲《あいこう》・津久井《つくい》三郡の各一部）、小田原県（相模国足柄上《あしがらかみ》郡・足柄下《しも》郡・淘綾《ゆるぎ》郡、大住・愛甲・津久井三郡の各一部、伊豆《いず》国四郡）、荻野山中《おぎのやまなか》県（愛甲郡の一部）、六浦《むつうら》県（鎌倉・久良岐両郡の各一部）と、この地域に四つの県が存在したのである。

明治四年十一月にこれらが統合され、横浜に県庁を置く神奈川県（橘樹・都筑・久良岐・三浦・鎌倉・高座の各郡と多摩《たま》郡の一部）と、伊豆四郡と伊豆七島を含む「足柄県」（大住・淘綾・足柄上・足柄下・愛甲・津久井の六郡）が誕生する。足柄県の県庁所在地は小田原であった。その足柄県も明治九年（一八七六）になると突如廃止。伊豆四郡と伊豆七島は静岡県に編入され、残る六郡は神奈川県に組み込まれた。

めまぐるしく変わる行政区分に地域の人々は戸惑い、同時に激しい憤りを感じていたようだ。明治十九年（一八八六）に旧足柄県地域の人々は、県の再興を願い出ているのである。江戸期を通じ「相模国」の住人として同じ基盤の上で生きてきた人々が、政府の独断で神奈川と静岡に分断されることは、地域社会の破壊以外のなにものでもなかったからだ。ただし当然のことながらこの願いは聞き届けられなかった。

ちなみに「神奈川」の県名は、東海道の日本橋《にほんばし》・品川《しながわ》・川崎に続く宿場町、神奈川宿から取られている。今でこそ大都市の横浜も、開港直後は寂れた漁村であり、港としても発展途上だった。一方神奈川宿はいち早く通商の窓口として開かれ、神奈川奉行所も置かれていたため、明治政府もこの地を非常に重視した。慶応《けいおう》四年（一八六八）六月からほんの一時期ではあるが「神奈川府」が設置されているのもその現れである。県の設置に際して県名を神奈川から取ることは、極めて自然な事だったのである。

Q62
ガス燈を作ったのは高島易断の易者だった？

明治の開化期、横浜には数々の〝日本初〟が誕生した。初めて街にガス燈が設置されたのも横浜が最初である。照明器具と言えば提灯や灯籠《とうろう》がせいぜいだった当時の人々にとって、それはまさに文明の光であった。

横浜にガス燈を設置したのは、高島嘉右衛門《かえもん》という人物である。嘉右衛門は天保《てんぽう》三年（一八三二）江戸に生まれ、安政《あんせい》六年（一八五九）に開港した横浜で外国人相手の物産店を開き、貿易などにも手を広げていた。明治維新後は外国人相手の旅館や洋学を教える学校を設立するなど、公共事業にも尽力した実業家である。

しかし一般には実業家よりも『高島易断《えきだん》』の編著者として知られている。彼は早くから『易経《えききょう》』の研究に打ち込み、その占いはよく的中することで当時から評判を呼んでいた。なかでも初代総理大臣・伊藤博文《ひろぶみ》の暗殺や暗殺者の名まで指摘し、本人に注意を与えたというエピソードは有名である。

彼がガス燈に目を向けたのは、横浜居留地に外国人の手によってガス燈を設置する計画があることを耳にしたのがきっかけであった。明治三年（一八七〇）にドイツのシュルツ・ライス商会によってガス燈建設の申請が神奈川県庁に提出されていたのである。

外国人に利権を独占されてしまうと、日本人がガス事業に食い込む機会が失われてしまう。危機感を覚えた嘉右衛門は、横浜の実業家田中平八《へいはち》らに協力を仰ぎガス燈建設のための会社「日本社中」を結成。自ら代表となり、日本人によるガス燈の設置を県に働きかけた。これに対しシュルツ・ライス商会は、外務省に手を回して日本社中の動きを妨害。両者で激しい争いが繰り広げられた。しかし最終的には嘉右衛門が勝利を収め、日本社中にガス燈建設の認可が下りたのである。

明治五年（一八七二）九月二十九日夕刻、大江橋《おおえばし》から馬車道《ばしゃみち》、本町《ほんちょう》通りに至る街路に日本で初めてガス燈の灯がともった。日本人の権利を外国勢力から守るという嘉右衛門の願いが実現した瞬間であった。

Q63

幕府が残したフランスからの借金を新政府が払った?

横須賀《よこすか》には現在海上自衛隊の横須賀地方隊や在日アメリカ海軍の第七艦隊司令部が置かれており、これらをバックアップする多くの補給・支援施設が集中している。

横須賀にこのような軍港としての役割が与えられたのは、幕末の慶応《けいおう》元年(一八六五)に始まった横須賀製鉄所の建設がきっかけであった。この製鉄所建設計画は幕府勘定《かんじょう》奉行の小栗上野介忠順《おぐりこうずけのすけただまさ》が中心となって立案。フランスの技術的・金銭的支援を受けて推進され、小さな漁村に過ぎなかった横須賀が建設地に選ばれた。

当時小栗はフランスとの関係を重視しており、製鉄所の建設もフランス公使ロッシュと交渉。建設を担当する技師もフランス人のフランソワ・ヴェルニーを招聘《しょうへい》した。維新後は明治政府がこの事業を引き継ぎ、明治四年(一八七一)に「横須賀造船所」と改称。海軍省の所管となり、同九年(一八七六)最初の木製軍艦「清輝《せいき》」が竣工している。明治十七年には東洋最大のドックが完成し、造船能力は一気に向上。砲艦「愛宕《あたご》」や、初めて設計・建造とも国内で行われた巡洋艦「秋津洲《あきつしま》」などが次々に建造された。同年鎮守府《ちんじゅふ》(海軍の官庁)が置かれると、以後横須賀は軍都として発展。首都を守る要所であることから東京湾要塞司令部が置かれ、海軍の施設もこの地に集中する。明治三十三年には造船所から改編された横須賀海軍工廠《こうしょう》が設置され、軍艦の製造や修理、兵器の供給を担う海軍の重要な拠点となったのである。

現在の横須賀は、横浜に次ぐ神奈川の中核都市に成長した。この横須賀発展の功労者は間違いなく小栗忠順なのだが、なぜか彼には何かと悪評がつきまとうのである。幕府の公金を隠蔽《いんぺい》したという根も葉もない噂を立てられ埋蔵金伝説が生まれたり、製鉄所の建設に関しても「幕府存続のためフランスに莫大な借金をして日本を植民地化の危機にさらし、新政府は借金返済に苦しんだ」という非難の声がある。

しかし実際には明治期まで残された借金はわずかな額だったとも言われており、近代化に必要不可欠だった製鉄所建設を実現した小栗の功績が揺らぐものではない。現在横須賀湾岸の臨海公園には、小栗とヴェルニーの胸像が建てられている。

Q64

かつての湘南には海がなかった？

葉山《はやま》、逗子《ずし》、鎌倉、茅ヶ崎《ちがさき》、大磯《おおいそ》など神奈川県南部の相模《さがみ》湾一帯が「湘南《しょうなん》」と呼ばれ全国的に知られるようになったのは明治以降のこと。特に昭和のレジャーブームによって一躍脚光を浴びた。その名は中国湖南《こなん》省の景勝地から取られており、これを相模国の南部（相南《しょうなん》）にかけたものである。

この地が注目を集め始めたのは明治の半ば、初代総理大臣・伊藤博文《ひろぶみ》が大磯に別荘を構えたのがきっかけであった。大磯にはほかにも山県有朋《やまがたありとも》、大隈重信《おおくましげのぶ》、陸奥宗光《むつむねみつ》、西園寺公望《さいおんじきんもち》といった大物政治家が居を構え、いつしか政治家の別荘地というイメージが出来上がって行く。この傾向は昭和に入ってからも続き、戦後日本を牽引した吉田《よしだ》茂《しげる》元首相が大磯の別邸に多くの政治家や財界人を招いて、総理引退後も政界に隠然たる力を示していたことは良く知られている。

また湘南地域は早くから保養地として発展し、都会での生活に疲れた人々が休暇を過ごすために訪れる場所として賑わった。明治二十二年（一八八九）には横須賀《よこすか》線が、明治三十五年（一九〇二）には江ノ電《えのでん》が開通。当時の最新風俗であった海水浴に訪れる客も増えていった。

夏目漱石《そうせき》の明治四十二年（一九〇九）七月の日記には、材木座《ざいもくざ》海岸で外国人が海水浴に興じる様子が記されており、のちに発表された小説『こころ』の中の主人公が鎌倉で海水浴をする場面に反映されている。

こうして一帯はリゾート地として知られるようになり、湘南の地名も次第に浸透して行ったのだが、実際の地名として湘南が採用されたわけではなかった。実はすでに津久井《つくい》郡に「湘南村《しょうなん》」が存在していたからである。

湘南村は小倉《おぐら》村と葉山島《はやまじま》村の合併によって明治二十二年に誕生。昭和三十年（一九五五）に川尻《かわしり》村、三沢《みさわ》村の一部と再度合併して城山町《しろやままち》となり、現在は相模原市緑区に属している。城山地区は津久井湖や城山湖に近い、丹沢《たんざわ》山地の端に位置する町。海とはまったく関係のない場所に、かつて〝湘南〟があったのである。

Q65

多摩三郡を東京に移したのは自由党議員を抑えるためだった？

明治二十六年（一八九三）、神奈川県北部の多摩《たま》三郡（西多摩郡、北多摩郡、南多摩郡）に、東京府への移管問題が起こった。

東京は江戸時代初期から多摩を水源とする神田《かんだ》上水と玉川《たまがわ》上水を利用しており、自ら水源管理を行うために多摩地区の移管を願っていたのである。前年の明治二十五年に東京府知事、神奈川県知事、警視総監が内務《ないむ》大臣に多摩三郡の東京編入を上申。政府は移管のための法案提出準備に入った。

明治二十二年に甲武《こうぶ》鉄道（現在のJR中央線）が新宿から八王子《はちおうじ》まで開通して以来、多摩地域の一部は神奈川よりも東京との関係を深め、経済圏としても東京と一体になることを望んでいた。特に北多摩郡ではこの傾向が強く、東京編入に賛同する声が強かったのである。

しかし西多摩と南多摩にとっては突然の移管案であり、経済的メリットもほとんどない。当然反対の声が上がった。明治二十六年二月十八日、衆議院に多摩三郡の東京移管法案が提出されると、これを受けて地元多摩では推進派と反対派による激しい対立が表面化している。実はこの移管問題の背景には、神奈川県内の政争があったのである。当時国会では第一回総選挙以降、自由民権運動の流れを汲む自由党が勢力を誇っていた。神奈川県会においては、多摩三郡に政治的基盤を置く自由党議員と県知事との間に対立があり、知事は彼らを神奈川から切り離して打撃を与えるために東京移管を画策したと言われている。

法案の提出を受けて、北多摩の住民は移管の実現を内務省に陳情。一方南多摩・西多摩ではこれに反対する運動が起こり、ビラの配布などによる中傷合戦が展開された。

しかし国会は地元の騒ぎをよそに会期末を迎える。水源を管理することで大都市東京における悪性コレラの流行を防ぐという大義名分もあったことから、法案は混乱のうちにも成立。明治二十六年四月一日をもって多摩三郡は東京府に組み入れられ、ほぼ現在の神奈川県域が確定したのである。

Q66

JR鶴見線の駅名は人名だらけ？

明治三十年（一八九七）川崎町長に就任した石井泰助《いしいたいすけ》は、一貫して川崎への工場誘致を主張していた。水陸の交通手段を持ち大都市東京に隣接すること、地価が安いこと、横浜港に近く原材料や製品の運搬が容易であることなど、企業が工場を設置するにあたって有利な条件が揃っていたためである。

この誘致に応じ、明治三十九年の横浜精糖《せいとう》（明治精糖）を皮切りに、東京電機（東芝）、日米蓄音機《ちくおんき》（日本コロムビア）といった新興企業が次々に工場を建設。一気に工業地帯の様相を呈するようになる。

明治四十五年（一九一二）、浅野《あさの》財閥の創始者である浅野総一郎《そういちろう》が、鶴見《つるみ》・川崎の沿岸約百五十万坪の埋め立て事業を開始。渋沢栄一《しぶさわえいいち》、安田善次郎《やすだぜんじろう》ら財閥トップが資金面でバックアップを行い、昭和三年（一九二八）に埋め立てを完了した。

明治四十五年、浅野の娘婿・白石元治郎《しらいしもとじろう》は製紙事業で一大財閥を築いた大川平三郎らと日本鋼管を設立。この埋め立て地のうち十五万坪を確保して工場を建設し、昭和二年から操業を開始している。

浅野自身もこの地に東京・深川《ふかがわ》から浅野セメントの工場を移転した。もともと深川の工場は渋沢栄一の斡旋で払い下げを受けた官営工場であり、セメント製造時の灰燼《かいじん》が周辺地域で問題化していた。浅野が鶴見の埋め立てに熱心だったのは、この公害問題も背景にあったのである。

浅野は製鉄所や造船所など関連企業の工場を次々に建設。これが契機となって多くの企業が進出し、鶴見・川崎地区は京浜工業地帯の中核となって行った。

大正十五年(一九二六)、埋め立て地内の各工場へ原材料を輸送するため鶴見臨港鉄道(現・JR鶴見線)弁天橋《べんてんばし》・浜川崎《はまかわさき》間が開通する。その駅名には、浅野総一郎や大川《おおかわ》平三郎《へいざぶろう》の姓をそのまま取って命名された「浅野《あさの》」「大川《おおかわ》」や、安田善次郎の名前を略した「安善《あんぜん》」、白石元治郎から取られた「武蔵白石《むさししらいし》」、などが採用された。日本の重工業をリードした先人の事績は、現在も駅名として残されているのである。

Q67

関東大震災の被害は東京より横浜の方が大きかった？

大正十二年（一九二三）九月一日午前十一時五十八分、相模《さがみ》湾北部を震源とする大地震が発生する。関東大震災である。その規模はマグニチュード7・9、最大震度7という激烈なものであった。

一般に関東大震災の被害は東京に集中したかのように語られるが、実際には震源に近い神奈川県の被害が大きく、なかでも横浜の被害は東京以上に甚大であった。

横浜市は人口の九三パーセント（東京は七五パーセント）が被災。死者・行方不明者は二万四千二百六十三人を数えている。地震直後に発生した火災は市街から海岸方面へと広がって二日間にわたり燃え続け、全市を焼き尽くす勢いだった。

火災を免れた地域でも、全半壊の家屋は二万五百三十二戸。東京は一万百五十八戸と横浜の半分にとどまっている。

横浜という土地柄、外国人の被害も多かった。当時神奈川県内に滞在していた外国人は八千六百七十二名。このうち七千九百五十九名が横浜にいたのである。

ホテルや外国人クラブが集中していた山下町《やましたちょう》海岸通りの建物はことごとく倒壊し、外国人に人気のあったオリエンタル・パレス・ホテルやグランド・ホテルも火災によって震災の日の夕刻には全焼。宿泊客や従業員に多くの被害を出している。

また当時南京町と呼ばれていた中華街では総在留者の三分の一に当たる二千名が死亡。建物のほとんどが古い煉瓦作りだったため倒壊に巻き込まれたり、道幅が狭かったことから逃げ遅れて火にまかれるケースが多かったという。

震災当日も、横浜港は多くの船で賑わっていた。

大桟橋《おおさんばし》にはエンプレス・オブ・オーストラリア号、これあ丸、アンドレ・ルボン号、港埠頭《ふとう》にはろんどん丸、ぱりい丸、湖南《こなん》丸、宝栄山《ほうえいさん》丸などが係船されており、出航直前の船もあった。このため桟橋には見送りの群衆がひしめいていたのである。

大桟橋は海中に没し、新港埠頭も大破。名残を惜しんでいた人々の多くが海に投げ出され溺死するという悲劇的な最期を遂げた。

しかし、船の存在は震災後の横浜市民に幸いする。

イギリスのエンプレス・オブ・オーストラリア号は出航を中止し、即刻大桟橋で遭難した人々の救助を開始。陸上の被災者も船内に受け入れ、乗組員ばかりか乗客までもが被災者の世話や負傷者の治療に協力したという。一週間にわたり救助活動を行ったオーストラリア号は九月八日、被災者を乗せて神戸へと向かっている。

東洋汽船のこれあ丸は千名以上の被災者を乗せ、いち早く港外へ逃れた。火災で焼け出された人々にとっては、混乱する陸上よりも船に逃れた方がはるかに安全であり、救援物資の配給なども受けやすかったのである。

震災当日の夜、県警察部長は横浜の惨状を各地に知らせるべく単身海に飛び込むと近くの小船まで泳ぎ着き、さらにこの船を使ってこれあ丸に乗船。内務大臣や海軍、新聞社や近隣各県の知事宛てに無線で横浜の状況を打電し救援を求めた。船は避難場所であると同時に、情報収集・発信のための拠点としても活躍したのである。

新港埠頭に係船していた大阪商船のぱりい丸も約千八百名の被災者を収容。積み荷の米八百トンを県に供出した。このほかにも港内にいた船はことごとく被災者の救助に当たるとともに、積載していた物資を供給。神戸や大阪などへ避難する人々を送り届ける役目も引き受けている。

四日になると各船会社が手配した救援船が食糧や物資を満載して続々と横浜港に入港。五日にはアメリカ海軍の駆逐艦四隻が救援に到着して活動を開始している。ほかにもイギリス、フランス、イタリアなど各国から派遣された軍艦が横浜に入港し、避難民の輸送や人手不足のため滞っていた物資の陸揚げなどに協力した。

被害こそ甚大であったが、横浜は国際港という土地柄をフルに活かしていち早く救援・復興へと動き出したのである。

大正十四年(一九二五)横浜市長に就任した有吉忠一《ありよしちゅういち》は、震災で傷ついた横浜の復興に着手。港の拡張工事や埋め立て、防波堤の整備、臨海工業地帯の建設など多くの事業を推進した。

昭和五年(一九三〇)三月、瓦礫《がれき》の廃棄場所に指定されていた海岸通り海側の土地が埋め立てられ、山下公園が開園する。かつて建ち並んでいた巨大ホテルや中華街の残骸を使って誕生した山下公園は、復興事業の象徴とも言えるものであった。

Q68

中華街はレストラン街ではなかった?

横浜市中区山下町《やましたちょう》中心部に位置する横浜中華街。中華料理店を中心にエキゾチックな土産物や雑貨を売る店が集まり、平日でも一万人以上の観光客を集める神奈川県内でも有数の観光地である。

幕末から明治初年にかけて横浜にやって来た欧米の商人たちは、多くの中国人を伴っていた。彼らの中には買弁《ばいべん》(仲介商人)として来日した者もいたが、多くは欧米商人に雇われた召使いなどの使用人である。

当時清《しん》国との間には条約が結ばれておらず、中国人が居留するためには欧米の領事館に登録する必要があったが、明治四年(一八七一)に日清修好条規《しゅうこうじょうき》が締結されると来日する者が一気に増加する。彼らは欧米人との生活習慣の違いから、外国人居留地の一郭に集まって暮らすようになり、現在の中華街の原型ができあがったのである。

やがて広東《カントン》省を始めとする中国南部から多く人々が横浜に移住し、明治末には四千人ほどの中国人がこの地でさまざまな職を営むようになっていた。

現在では料理店中心の街となっているが、当時は飲食業のほかに洋服の仕立てや家具製造、理髪師、印刷業といったハイカラで優れた技能を身につけた人々が集まっており、職人の街という側面も大きかったのである。

戦前「南京町《なんきんまち》」と呼ばれた中華街はこうして次第に膨れあがって行ったのだが、大正十二年（一九二三）の関東大震災と昭和二十年（一九四五）の空襲によって二度壊滅的打撃を受けた。そこから復興するたびに次第に料理屋が増えたと言われており、特に終戦直後は他の地域よりも食糧や物資が豊富だったことから、一気に中華料理の街へと変貌する。

昭和三十年には中華街大通りの入り口に中国様式の善隣《ぜんりん》門が完成。この門の上部に「中華街」の文字が掲げられたことから、それまで一般的だった「南京町」という呼び方が「中華街」へと変わり、現在のような観光地としての顔を持つようになったのである。

Q69

神奈川県に「日本のハリウッド」があった？

昭和十一年（一九三六）一月十五日、松竹《しょうちく》（株）の大船《おおふな》撮影所で開所式が行われた。
松竹は、言わずと知れた映画や演劇の製作・配給会社で、明治三十五年（一九〇二）京都で設立されている。明治の終わり頃から東京へ進出し、歌舞伎座など有名劇場を傘下に収めて行った。

大正九年（一九二〇）には松竹キネマ合名社を設立し映画の製作を開始。東京・蒲田《かまた》に松竹キネマ蒲田撮影所を開設している。

蒲田撮影所からは日本映画黎明期を代表する多くの作品が生み出されていったが、無声映画からトーキーへと時代が移り、より設備の整った撮影所が必要となったため昭和十一年の大船移転となったのである。

製作の中心にいたのは、のちに松竹の社長を務める城戸四郎《きどしろう》所長であった。城戸はプロデューサーとして小津安二郎《おづやすじろう》、五所平之助《ごしょへいのすけ》ら才能ある監督を起用し、一方で『愛染《あいぜん》かつら』、『君の名は』といったメロドラマを量産。日本人の日常を暖かく描いた多くの作品は、いつしか「大船調」と呼ばれるようになる。

戦前から昭和中期の日本映画隆盛期、次々にヒット作を世に送り出していた大船の地はまさしく日本映画界の中心——日本のハリウッドと呼ぶにふさわしい場所だったのである。JR大船駅から徒歩十分ほどの場所にあった撮影所の周辺には映画関係者が集まる店が並び、出番を待つ俳優やスタッフの姿がそこかしこに見られた。

しかしテレビ放送の開始や娯楽の多様化によって日本映画が衰退し始めると、大船撮影所も活気を失って行く。長寿シリーズ『男はつらいよ』が定期的に製作され一定の人気を博していたものの、人々の足が映画館から遠のくのを食い止めることはできなかった。

平成七年(一九九五)には「鎌倉シネマワールド」というテーマパークを敷地内にオープンしたが三年で閉館。映画を量産するための場所であった大船撮影所は時代の流れの中でその役割を終え、平成十二年(二〇〇〇)六月に閉鎖されたのである。

Q70

大船観音は、立ち上がる予定だった？

ＪＲ東海道本線を横浜方面から大船《おおふな》駅へと向かうと、山上に高さ約二五メートルの巨大な観音像が現れる。昭和三十五年（一九六〇）に完成した大船観音である。

もともとこの観音像の建立は、国士舘《こくしかん》の創立に携わった花田半助《はなだはんすけ》や金剛経《こんごうきょう》信者で大船観音の隣に位置する黙仙寺《もくせんじ》と縁の深い浜地天松《はまじてんしょう》（八郎）、明治憲法の起草に貢献した政治家の金子堅太郎《かねこけんたろう》、総理大臣経験者である清浦奎吾《きようらけいご》、大アジア主義を掲げた国家主義者の頭山満《とおやまみつる》らが、昭和二年（一九二七）に計画したものであった。

大正十二年（一九二三）に起こった関東大震災の傷は未だ癒えず、震災のために決裁が不能となった手形の処理をめぐり政治経済が混乱するなか、「観音思想を普及させ、世相浄化の助けとする」という目的を掲げて立案されたのである。

二年後の昭和四年に工事が始まったが、建設は当初から波乱含みであった。この年の秋アメリカ・ウォール街に端を発した世界恐慌は日本をも直撃し、資金の調達は計画どおりには進まなかった。また地形の問題から、当初予定していた立像から胸像へと大幅な変更を余儀なくされたのである。

しかし観音像の建立はかなり世間の耳目を集めたようで、作家江戸川乱歩《えどがわらんぽ》は昭和五年の作品『黄金仮面』の中に大船観音をモデルにしたと思しき大仏を登場させ、像の胎内を盗賊がアジト兼盗品倉庫にするというアイディアを披瀝《ひれき》している。作中で大仏を「O町名物」と呼んでいることから見ても、すでにこの頃から観音像の存在が広く知られていたものと思われる。

しかし現実の観音像は、昭和六年の満州事変や同八年の国際連盟脱退といった大事件が次々に起こる中で次第に工事続行が困難となり、ついに昭和九年(一九三四)工事は中止に追い込まれてしまう。以後観音像は長いあいだ野ざらしの状態であった。

ようやく工事が再開されたのは戦後のこと。東急電鉄会長の座にあった実業家五島慶太が中心となって、昭和二十九年(一九五四)財団法人大船観音協会を設立し、同三十五年四月二十八日ようやく落慶式にこぎ着けたのである。

もっと知りたい歴史こばなし ⑤

横浜はいろんな海外文化発祥の地

横浜は幕末、海外文化の窓口だったため、いろんなモノの「発祥地」がある。アメリカ帰りのジョセフ彦《ひこ》が文《ぶん》久《きゅう》4年（1864)、横浜で手書きの新聞紙を始めた場所もそのひとつで「日本国新聞発祥の地」(中区山下町）となっている。慶応2年（1866）12月、根岸（横浜市中区根岸台）に幕府の手で競馬場「根岸競馬場」が造成されたので、この地は「近代競馬場発祥の地」。慶応3年に谷戸坂《やとざか》で脇沢金次郎《わきざわきんじろう》が洗濯業を開業したのが「近代クリーニング業発祥の地」(中区元町《もとまち》）である。「アイスクリーム発祥の地」とされるのは馬車道（中区常磐町5丁目)。町田房蔵なる人物が明治2年（1869）に「氷水屋」でシャーベット風の「あいすくりん」の製造販売を始めたから。明治5年旧暦5月7日には新橋・横浜間に鉄道が走るが、当時の横浜駅は現在のJR桜木町駅あたりになるため、ここが「鉄道発祥の地」。山手公園は明治3年に開園した「洋式公園発祥の地」で、ここに作られたテニスコートは明治11年に始まった「テニス発祥の地」とされている。

あなたの知らない

神奈川県の歴史

◆

資料篇

神奈川県章

神奈川県の歴史略年表

年号	西暦	できごと
	1世紀	大塚遺跡が出現
大宝元	701	大宝律令施行。相模に国郡制施行
和銅3	710	平城京遷都
天平13	741	国分寺造営の詔
宝亀2	771	武蔵国が東海道に転属
延暦13	794	平安京遷都
延暦16	797	相模と甲斐の国境定まる
延暦21	802	富士山噴火、足柄路から箱根路へ変更
弘仁10	819	相模国分寺が焼亡
元慶2	878	関東大地震
昌泰2	899	足柄関を設置
天延4	976	坂田金時、源頼光と出会う
長元元	1028	平忠常の乱鎮定に源頼信・頼義を派遣
長元9	1036	足柄関を廃止
康平6	1063	源頼義、石清水八幡宮を勧請し鶴岡若宮（八幡宮）を創建
永治元	1141	大庭御厨成立
天養元	1144	この頃相模国府が大住から餘綾に移る
治承4	1180	源頼朝挙兵、石橋山の戦い。頼朝、鎌倉入（大蔵に幕府を置く）
元暦元	1181	鶴岡若宮を由比から現在地に遷座
元治元	1185	平氏滅亡
文治5	1189	源義経自害。奥州合戦
建久元	1190	鎌倉幕府成立（諸説あり）
建久3	1192	源頼朝、征夷大将軍となる
建久9	1198	相模橋の橋供養、源頼朝落馬
建久10	1199	源頼朝、死去。幕府合議制になる
建仁3	1203	北条時政が執権となる
建暦3	1213	和田合戦
承久元	1219	3代将軍源実朝暗殺
承久3	1221	承久の乱
嘉禄元	1225	宇都宮辻子に幕府移転
嘉禎2	1236	若宮大路に幕府移転
仁治2	1241	北条泰時が朝比奈切通を整備
寛元元	1243	木造阿弥陀像が鎌倉にできる
宝治元	1247	宝治合戦、三浦氏滅亡
建長4	1252	鎌倉で金銅の大仏鋳造（現鎌倉大仏？）
文永5	1268	元の国書届く
文永11	1274	元軍来襲（文永の役）
弘安4	1281	元の再攻（弘安の役）
弘安8	1285	東慶寺創建、霜月騒動
正中元	1324	正中の変
元弘3	1333	鎌倉幕府滅亡、鎌倉府設置
建武2	1335	護良親王暗殺、中先代の乱
建武3	1336	足利尊氏が幕府を開き、「建武式目」制定
貞和5	1349	足利基氏が鎌倉下向（鎌倉府）
観応元	1350	観応の擾乱
文和2	1352	足利尊氏、弟直義を鎌倉で殺害
貞治2	1363	上杉憲顕が関東管領に再任（以後上杉氏が世襲）
応永23	1416	上杉禅秀の乱（翌24年禅秀自害）
永享10	1438	永享の乱（翌11年足利持氏自害）
宝徳2	1450	江ノ島合戦
享徳3	1454	鎌倉公方・足利成氏が上杉憲忠を鎌倉で謀殺（享徳の乱）

康正元	1455	鎌倉公方・足利成氏が下総古河に移る（古河公方）
応仁元	1467	京都で応仁の乱始まる（～文明9年）
文明18	1486	太田道灌、糟屋館で暗殺
明応4	1495	北条早雲が小田原城を攻略
永正9	1512	北条早雲が相模を制圧
大永元	1521	早雲寺建立
永禄4	1561	長尾景虎が関東管領に就任
永禄10	1567	武田信玄が小田原城を攻撃
天正元	1573	室町幕府滅亡
天正10	1582	本能寺の変
天正18	1590	石垣山築城、小田原北条氏滅亡、徳川家康関東入封
慶長5	1600	関ヶ原の戦い
慶長6	1601	家康が東海道の伝馬制度を整備、神奈川・保土ヶ谷・平塚・大磯・小田原宿など設置（慶長9年戸塚、元和2年箱根、同9年川崎宿設置）
慶長8	1603	徳川家康が征夷大将軍就任（江戸開府）
慶長19	1614	小田原城城番制（～元和5）
元和5	1619	箱根関所設置。阿部正次が小田原転封
元和9	1623	小田原城第2次城番制（～寛永9）
寛永9	1632	稲葉正勝が小田原転封
寛永10	1633	関東大地震、小田原城大破
貞享3	1686	大久保忠朝が小田原転封
元禄4	1691	津久井県できる
元禄16	1703	南関東大地震、小田原城壊滅
宝永4	1707	富士山が噴火し、砂が降る
享保5	1720	浦賀奉行所設置
天明2	1782	小田原大地震、天明の大飢饉
天明3	1783	荻野山中藩成立
文化10	1819	11代将軍徳川家斉が川崎大師を参詣
文政8	1825	異国船打払令
嘉永6	1853	浦賀沖にペリー艦隊来航
安政元	1854	ペリーが再来航、鉄道模型を持参
安政6	1858	安政5か国条約
文久2	1862	生麦事件
慶応元	1865	横須賀製鉄所建設開始
慶応2	1866	横浜居留地で大火災
慶応3	1867	大政奉還、王政復古の大号令、荻野山中藩陣屋焼討事件
慶応4	1868	神奈川府設置
明治2	1869	鎌倉宮創建、関所廃止
明治4	1871	廃藩置県、六浦・荻野山中・小田原・韮山県設置。日清修好条規締結、横須賀製鉄所が造船所と改称
明治5	1872	横浜・新橋間に鉄道開通、横浜にガス燈が灯る
明治7	1874	ウィリアム・カーチスが柏尾村でハム作りを開始
明治9	1876	足柄県廃止、横須賀造船所で木造戦艦「清輝」竣功
明治17	1884	横須賀造船所に東洋最大のドック完成。横須賀に鎮守府設置
明治22	1889	横須賀線開通、湘南村成立
明治26	1893	神奈川県域が確定
明治33	1900	横須賀海軍工廠が設置
明治35	1902	江ノ電開通
大正12	1923	関東大震災
大正15	1926	鶴見臨港鉄道開通
昭和16	1936	松竹大船撮影所開所（平成12年閉鎖）
昭和20	1945	川崎・横浜・平塚・小田原空襲
昭和30	1955	山下公園開園、横浜中華街に善隣門完成
昭和35	1960	小田原城天守閣が復原、大船観音完成
平成元	1989	横浜ベイブリッジ開通

鎌倉幕府将軍歴代

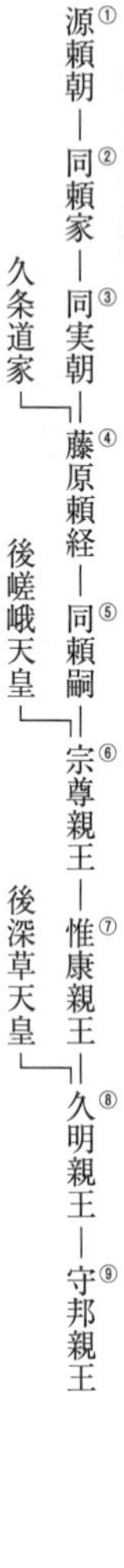

※丸数字は将軍代数

北条氏系図

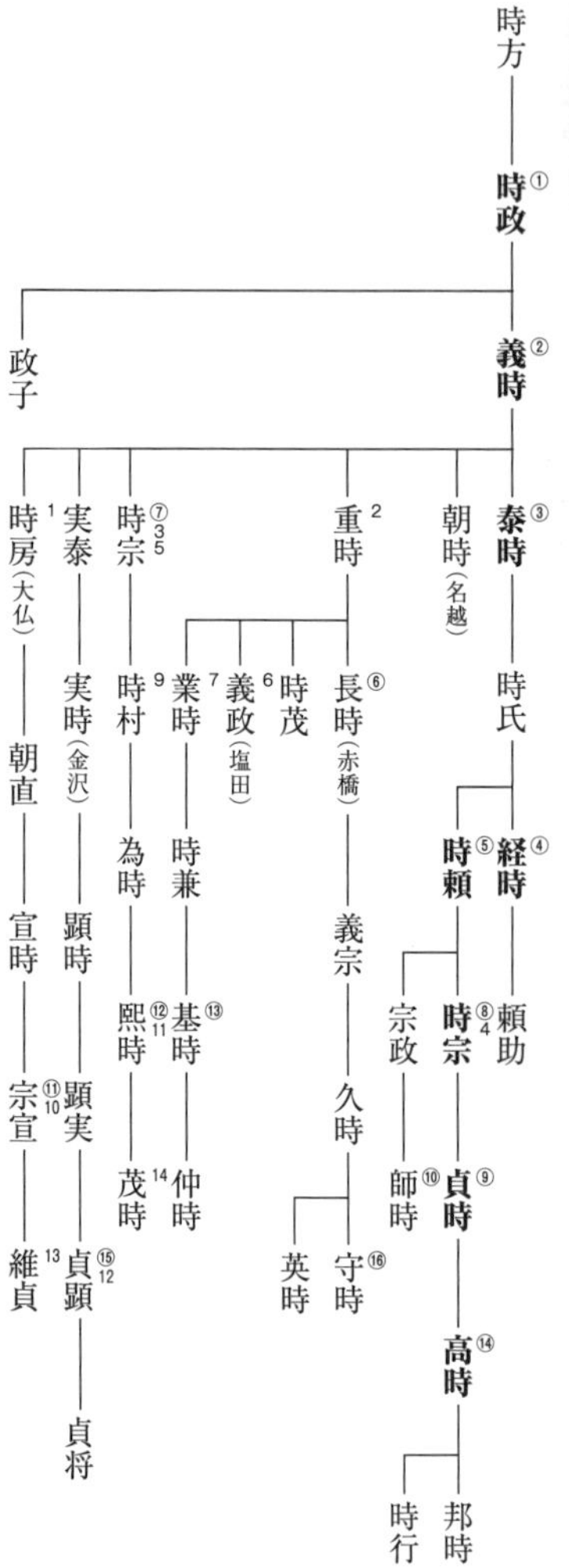

※丸数字は執権、数字は連署の代数　太字は得宗

鎌倉公方歴代

- 足利尊氏①
  - 義詮②1 ― 義満③ ― 義持④ ― 義量⑤ ＝ 義教⑥ ― 義勝⑦ ＝ 義政
  - 基氏2 ― 氏満3
    - 満兼4 ― 持氏5 ― 成氏6（古河公方）
    - 満直（篠川御所）
    - 満貞（稲村御所）

※数字は鎌倉公方、丸数字は将軍の代数

小田原北条氏系図

- 伊勢盛定（八郎・備中守・備前守）（室伊勢貞国娘）
  - 貞興（八郎・備前守）
  - 北河殿（今川義忠室）
  - 盛時①（新九郎・早雲庵宗瑞）＝小笠原政清娘
    - 氏綱②
      - 氏康③
        - 氏政④
          - 氏直⑤
          - 氏房
        - 氏照
        - 氏邦
        - 氏規
        - 氏忠
        - 三郎（上杉景虎）
        - 氏光
        - 女（今川氏真室）
        - 女（武田勝頼室）
      - 為昌
      - 氏尭
      - 女（足利晴氏室 同義氏母）
    - 氏時
    - 氏広
    - 長綱（宗綱・幻庵）
  - 弥二郎

※数字は小田原北条氏当主

神奈川県にあった諸藩の藩主変遷

〔小田原藩〕

- 大久保忠世 一五九〇～九四
- 同忠隣 一五九四～一六一四（改易）
- （上総大多喜）阿部正次 一六一九～二三（武蔵国岩槻）
- （下野真岡）稲葉正勝 一六三二～三四
- 同正則 一六三四～八三
- 同正往 一六八三～八五（越後高田）
- （下総佐倉）大久保忠朝 一六八六～九八
- 同忠増 一六九八～一七一三
- 同忠方 一七一三～三二
- 同忠興 一七三二～六三
- 同忠由 一七六三～六九
- 同忠顕 一七六九～九六
- 同忠真 一七九六～一八三七
- 同忠愨 一八三七～五九
- 同忠礼 一八五九～六八
- 同忠良 一八六八～七一（含藩知事）

〔武蔵金沢（六浦）藩〕

明治二年（一八六九）六月、六浦藩と改称

（下野皆川）

- 米倉忠仰　一七二二～三五
- 同里矩　一七三五～四九
- 同昌晴　一七四九～八六
- 同昌賢　一七八六～九八
- 同昌由　一七九八～一八〇三
- 同昌俊　一八〇三～一二
- 同昌寿　一八一二～六〇
- 同昌言　一八六〇～七一（含藩知事）

〔荻野山中藩〕

駿河松長藩（一七〇三～一七八三）

- 大久保教寛
- 同教端
- 同教起
- 同教倫
- 同教翅　一七七三～九六

一七八三年陣屋を荻野山中に移す

- 同教孝　一七九六～一八四五
- 同教義　一八四五～七一（含藩知事）

※数字は藩主在任（最後の藩主には藩知事任期も含む）、地名右は旧領・左は転封先

━がないものは転封により他家が入ったことを示す

神奈川県の成立年表

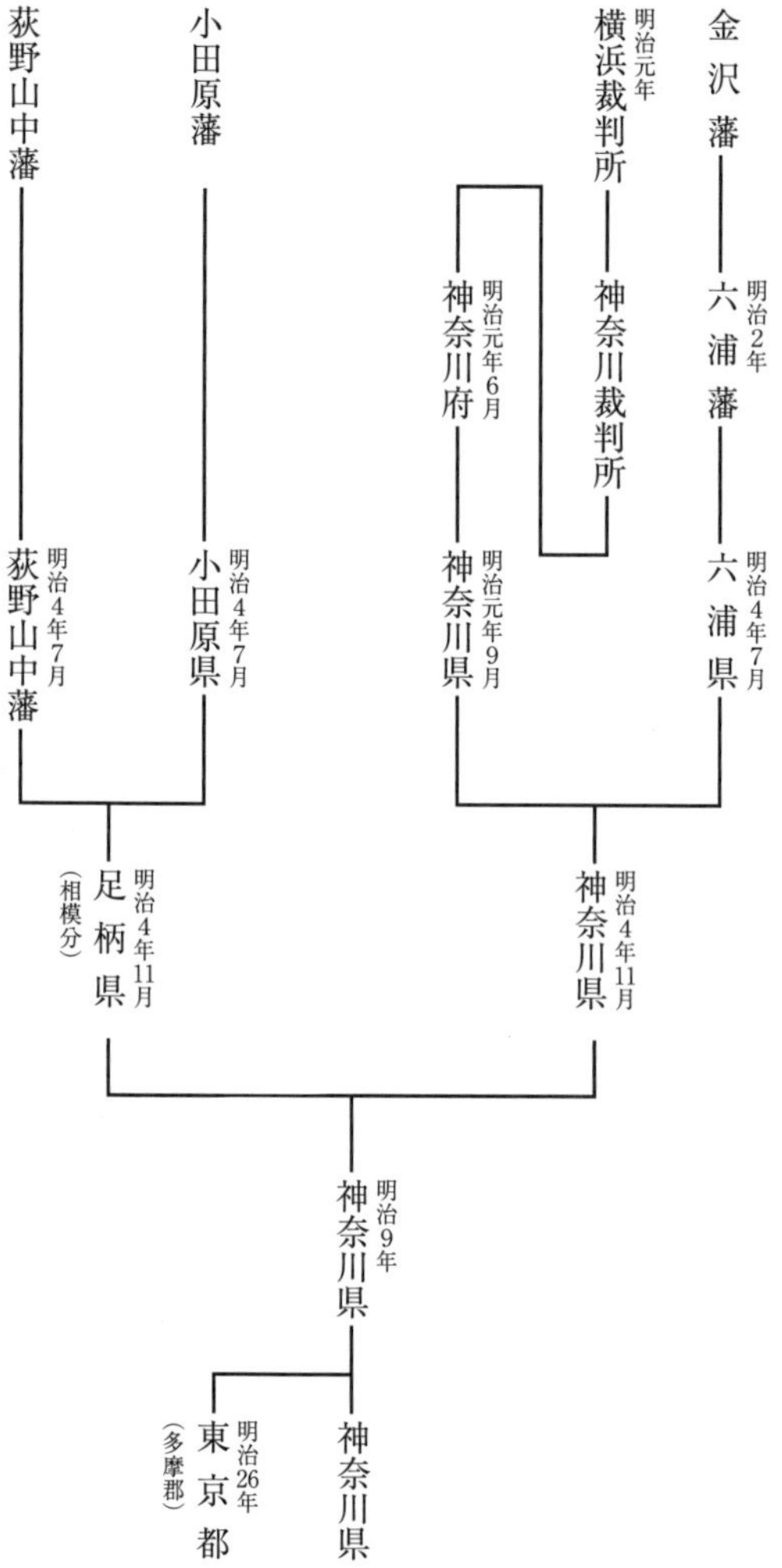
金沢藩
明治2年 六浦藩
明治4年7月 六浦県
明治元年 横浜裁判所
神奈川裁判所
明治元年6月 神奈川府
明治元年9月 神奈川県
明治4年11月 神奈川県
小田原藩
明治4年7月 小田原県
荻野山中藩
明治4年7月 荻野山中藩
明治4年11月 足柄県
（相模分）
明治9年 神奈川県
神奈川県
明治26年 東京都
（多摩郡）

神奈川県基本データ

面積	2,415.84km²〈2008年〉
総人口	9,057,742人〈推計人口2012年2月1日現在〉
人口密度	3,747人/km²〈2011年1月1日現在〉
隣接都道府県	4
県庁所在地	横浜市
政令指定都市数	3(横浜市・川崎市・相模原市)
市町村数	33(市 19・町 13・村 1)〈2009年3月31日現在〉
県内総生産	29,747,555〈単位:百万円。2009年度〉
県花	ヤマユリ
県木	イチョウ
県鳥	カモメ
県魚	なし
県蝶	なし
県章	神を図案化したもの(p181トビラ参照)
県マスコット	なし
県歌	県民歌「光あらたに」
県民の日	立庁記念日3月19日
県愛称	なし

【参考文献】

横濱市役所市史編纂係『横濱市震災誌』（横浜市役所、一九二六年）／石井進『日本の歴史7 鎌倉幕府』（中公文庫、一九七四年）／黒田俊雄『日本の歴史8 蒙古襲来』（中公文庫、一九七四年）／佐藤進一『日本の歴史9 南北朝の動乱』（中公文庫、一九七四年）／神奈川県県民部県史編集室編『神奈川県史 通史編1 原始・古代・中世』（神奈川県、一九八一年）／稲葉博編『郷土史事典 神奈川県』（昌平社、一九八二年）／角川日本地名大辞典編纂委員会編『角川日本地名大辞典14 神奈川県』（角川書店、一九八四年）／五味文彦『大系日本の歴史5 鎌倉と京』（小学館、一九八八年）／永原慶二『大系日本の歴史6 内乱と民衆の世紀』（小学館、一九八八年）／小山龍太郎『太平記に学ぶ』（六興出版社、一九九〇年）／桑田忠親『新編日本合戦全集2 鎌倉南北朝編』（秋田書店、一九九〇年）／蟹江征治（宇野俊一ほか編）『日本全史（ジャパン・クロニック）』（講談社、一九九〇年）／安田元久『源義経』（新人物往来社、一九九三年）／『神奈川県史』（山川出版社、一九九三年）／佐藤進一『足利義満 中世王権への挑戦』（平凡社、一九九四年）／『見る・読む・わかる 日本の歴史 原始・古代から近現代まで』（朝日新聞社、一九九五年）／神崎彰利・大貫英明・福島金治・西川武臣『新版県史14 神奈川県の歴史』（山川出版社、一九九六年）／湯本豪一『図説 明治事物起源事典』（柏書房、一九九六年）／石井研堂『明治事物起源 八』（筑摩書房、一九九七年）／伊藤喜良『南北朝動乱と王権』（東京堂出版、一九九七年）／地方史研究協議会編『地方史事典』（弘文堂、一九九七年）／エムアールシー『郷土資料事典14 神奈川県 ふるさとの文化遺産』（ゼンリン、一九九七年）／『日本「姓氏由来」総覧』（新人物往来社、一九九八年）／小市和雄ほか編『神奈川県の不思議事典』（新人物往来社、二〇〇一年）／学研M文庫編集部編『人物群像 鎌倉の風雲』（学研M文庫、二〇〇一年）／上横手雅敬・元木泰雄・勝山清次『日本の中世8 院政と平氏、鎌倉政権』（中央公論新社、二〇〇二年）／上横手雅敬『日本史の快楽』（角川ソフィア文庫、二〇〇二年）／『国指定史跡 旧相模川橋脚』（茅ヶ崎市教育委員会、二〇〇二年）／加藤貴編『江戸を知る事典』（東京堂出版、二〇〇四年）／宮野力哉『横浜 船と港ものがたり』（東京堂出版、二〇〇四年）／神奈川県高等学校教科研究会社会科部会歴史分科会編『新版 歴史散歩14 神奈川県の歴史散歩』上・下（山川出版社、二〇〇五年）／黒田基樹『戦国 北条一族』（新人物往来社、二〇〇五年）／山本博文監修『ビジュアル NIPPON 江戸時代』（小学館、二〇〇六年）／吉田茂樹『日本歴史地名事典 コンパクト版』（新人物往来社、二〇〇六年）／五味文彦・本郷和人編『現代語訳 吾妻鏡（一）』（吉川弘文館、二〇〇七年）／山本幸司『日本の歴史08 頼朝の天下草創』（講談社学術文庫、二〇〇九年）／川合康『日本中世の歴史3 源平の内乱と公武政権』（吉川弘文館、二〇〇九年）／黒田基樹『図説 太田道灌—江戸東京を切り開いた悲劇の名将—』（戎光祥出版、二〇〇九年）／森岡浩『県別名字ランキング事典』（東京堂出版、二〇〇九年）／森岡浩『名字の謎』（筑摩書房、二〇一一年）／永井晋『鎌倉源氏三代記』（吉川弘文館、二〇一〇年）／黒田基樹『戦国北条氏五代』（戎光祥出版、二〇一二年）／木村勇「大（応）神塚古墳の発掘」（『寒川町史研究』第二号、一九八九年）／石丸熙「源頼朝の武都鎌倉」『歴史読本』一九九九年八月号（新人物往来社、一九九九年）／菊池紳一「鎌倉幕府、滅亡への道」『別冊歴史読本 北条一族』（新人物往来社、二〇〇一年）／岡陽一郎「中世都市鎌倉」『別冊歴史読本 源氏と平氏』（新人物往来社、二〇〇四年）

■監修者
山本博文(やまもと・ひろふみ)
1957年、岡山県生まれ。東京大学文学部国史学科卒業。文学博士。東京大学大学院情報学環・史料編纂所教授。専門は近世日本政治・外交史。『江戸お留守居役の日記』(読売新聞社、のち講談社学術文庫)で第40回日本エッセイストクラブ賞を受賞。主な著書に『武士と世間』(中公新書)、『切腹』『日本史の一級史料』(いずれも光文社新書)、『大奥学事始め』(NHK出版)、『学校では習わない江戸時代』(新潮文庫)、『日曜日の歴史学』(東京堂出版)などがある。

■執筆者(50音順)
春日和夫/岸祐二/中丸満/吉田渉吾/渡邊大門

■編集協力
三猿舎

新書 歴史

あなたの知らない神奈川県の歴史

発行日	2012年4月21日　初版発行
監修	山本博文©2012
発行者	江澤隆志
発行所	株式会社 洋泉社 東京都千代田区神田錦町1-7 〒101-0054 電話 03(5259)0251 振替 00190-2-142410 ㈱洋泉社
印刷・製本	錦明印刷株式会社
組　版	天龍社
装幀	ウエル・プランニング(神長文夫・松岡昌代)

落丁・乱丁のお取り替えは小社営業部宛
ご送付ください。送料は小社で負担します。
ISBN978-4-86248-910-4
Printed in Japan
洋泉社ホームページ http://www.yosensha.co.jp